JN135858

『銀河英雄伝説』にまなぶ政治学

Learning Politics from
Legend of the Galactic Heroes

杉浦功一　大庭弘継

Koichi Sugiura　Hirotsugu Ohba

AKISHOBO

『銀河英雄伝説』にまなぶ政治学

はじめに

〝政治なんておれたちに関係ないよ〟という一言は、それを発した者にたいする権利剝奪の宣告である。政治は、それを蔑視した者にたいして、かならず復讐するのだ。

（第一〇巻、三四二頁）

本書は、田中芳樹によるＳＦ歴史小説『銀河英雄伝説』（以下、銀英伝）から政治学者になるきっかけを得た筆者たちが、その後に身に着けた政治学の専門知識を携えて、いまの現実世界と銀英伝の世界をつなげることを試みたものである。

一九七三年生まれの私（杉浦）が銀英伝にはじめて触れたのは、まだ八〇年代の中学生の頃だった。新書サイズのノベルズ版銀英伝を書店や古本屋で買い集め、夢中で繰り返し読んだのを覚えている。もともと日本の戦国時代や三国志といった歴史プラス軍事的なものが好きだった著者にとって、銀英伝はSFではあるが、まさに好みのど真ん中だったのだ。

銀英伝を読むうちに、次第に軍事だけじゃなく「政治」にも関心を持つようになった。いくらでも代わりのいる凡庸な政治家たちによる民主政治（自由惑星同盟）と、歴史的にはまれだが清廉潔白で優れた指導者による独裁政治（ローエングラム朝銀河帝国）のどちらがいいのか。日本の政治をただ何となく当たり前のものと思っていた筆者にとっては、深く考えさせられる、そして同時に大変「面白い」問いだった。

それから私は日本や外国の政治に関心を持つようになった。しかし、政治家を目指すのではなく、銀英伝のヤン・ウェンリーのように「観察者」として政治を考察したいと思い、研究者を目指して大学・大学院で政治学、とくに国際政治学を学んだ。本来、歴史の研究者を目指しながらも不本意に軍人となったヤンとは違い、私は幸いにも大学に職を得ることができて、政治学や国際関係を教えている。

いきなり長々と自分自身のことを書いたのには理由がある。私が属する団塊ジュニア世代（現在四〇歳代半ば）にとって、銀英伝は単なるエンターテインメントではなく、人類の歴史や政治、軍事に関心を持ち、学ぶきっかけとなる「教科書」でもあったのだ。平和な日本で生まれ育ち、上の全共闘世代のように政治活動に直接関わる機会のなかった世代にとって、冒頭のような強烈なメッセージが織り込まれた銀英伝を通じて、生々しく人類の葛藤と思考の歴史に触れることは、衝撃的な経験であった。

私より若い世代となると、それはエヴァンゲリオンやそのほかのアニメや漫画になるのかもしれない。もともとSF小説やそこから派生した漫画やアニメには、現実を反映した部分が必ずあり、人生を生きる上でのヒントや方向性を示してくれる。私にとって、銀英伝はまさにそういう存在であった。

とはいえ、最初に読んでからもう三〇年も経過している。それなのに、銀英伝を改めて読み返す意義があると思ったのは、比較的最近のことである。私のいまの専門は、民主化支援の研究である。独裁国家や強権的な国家が、日本や欧米のような民主的な国家へ移行するために、先進国や国連、EUを含む国際社会はどう支援すればよいかを研究している（杉浦功一『民主化支援 21世紀の国際関係とデモクラシーの交差』法律文化社、二〇一〇年）。しかし、本書の中でも触れているように、いまの世界では（これまでの日欧米流の）民主主義に厳しい風が吹いている。

現在、民主主義は、冷戦が終わった一九九〇年代のように発展途上国の人々から憧れられることもない。先進国内でも国民から信頼されなくなってきている。一党による政治支配が続く中国の経済的な存在感の増大によって、「国家の繁栄には民主主義が必要だ」と言っても、もはや信じてもらえなくなりつつある。このような変革期の真っただ中にいまの世界はあり、日本もその流れの中にある。しかし、日本はいまだ民主主義の国であり、私たちはその担い手である。「トリューニヒトの腐敗した民主主義か、ラインハルトの優れた専制政治か」というジレンマに苦しんだヤンの物語を追うことは、私にとって研究の原点であるというだけでなく、いまに生きる多くの人々にとっても、現実世界と自らが直面する問題を考える上で大いに役立つように思える。

もちろん民主主義の問題だけではない。銀英伝は、広い意味での「政治」について、思考のネタと格言が詰まった宝庫である。たとえば、いまの時代、ビジネスパーソンにとってすら、政治と経済は切り離せない。経済活動における政治リスク、ということがよく言われるが、アメリカでトランプ大統領が登場し、選挙公約を果たすために経済のセオリーを無視して中国との貿易戦争をはじめて世界を揺るがせたのは、その典型例である。単なる知識とは別に、政治を見る「思考法」について知らなければ、いまの世界ではビジネスもうまくいかない。銀英伝を読むと、リーダーシップや後継者問題、経営戦略など、ビジネスを含めた身近な問題を考えるための、様々なヒントを得ることができる。

二〇一八年、新しい銀英伝のアニメ版の放送がはじまった（旧版アニメは一九八八〜一九九六年にOVAとして制作された）。二〇一九年の秋〜冬には映画も上映される。これをきっかけに新たに銀英伝に関心を持った人や、かつて銀英伝を愛好していて今回再び関心を持った人もいるだろう。また、むかし銀英伝に接した人にとっては、人生経験を積んだいま改めて銀英伝を読み返すと、これまでとは違う感想を得たり、新たなものの見方に接したりする機会となるだろう。以前とは別の登場人物を好きになったり、共感したりするかもしれない。たとえば、三〇年前は天才パイロットのポプランに憧れた人が、いまは中間管理職であるムライ参謀長に共感（同情？）するかもしれない。

そして本書は、最近銀英伝に（はじめて、あるいは再び）関心を持った人が、銀英伝をネタにして、現実世界に必要な政治に関する思考法を政治学の知見から学ぶためのものである。同時に、現実世界をネタにすることで、銀英伝そのものをより深く楽しむことができることを狙っている。二人の著者は、ヤンほど賢くはないが、ヤンよりは勤勉であろう学者であり、それなりの業績を積んだ政治学者である。しかも共著者の大庭氏は、元海上自衛隊の幹部自衛官で、現在は国際政治思想を研究している。軍人を退職して学者になることを夢見ていたヤンなら憧れそうな経歴の人物である。軍事と政治の両方に詳しく、まさに銀英伝の深読みにはうってつけである。

銀英伝には、軍事戦略から歴史学、陰謀、紅茶の楽しみ方までいろいろなテーマが含まれている。そのなかでも、本書では、筆者のもっとも関心のある――つまり銀英伝からもっとも影響を受けた――テーマを選んでいる。結果として、杉浦は民主主義の問題が中心となり、大庭氏は軍事やそれに関わる倫理の問題が中心となった（文末にSとあるのが杉浦、Oとあるのが大庭の担当章である）。

なお、本書は、銀英伝をアニメか小説で一通り目にしたことがある人を主な読者対象としている。読み通した人でも忘れている場合もあるだろうから、なるべく前後の文脈がわかるように最低限の説明を付すことは心掛けたが、いかんせん全一〇巻のSF大河作品である。キャラクターやストーリーの詳細な説明まで行うことはできなかった。しかし、いまは便利な時代である。ウェブで検索すれば銀英伝内の人物や項目の解説を簡単に見つけることができるので、活用してほしい。

また、二〇一八年の新アニメ版ではじめて銀英伝に興味を持って、まだ原作小説を読んでいないという読者もいらっしゃるだろう。二〇一九年六月現在、新アニメ版はストーリーの序盤までしか公開されていないので、そういう方にとっては細かな説明もなく人名や事件が次々と出てくることになるけれど、それでもある程度は楽しんで読めるように工夫してみたつもりである。とはいえ、**「ネタばれ注意」**ということだけは、声を大にしてお伝えしておかねばならないだろう。

本書の銀英伝からの引用や頁番号は、創元ＳＦ文庫版を元にしている。

それでは、現実世界を通じて銀英伝を楽しみ、銀英伝を通じて現実世界を考える長征に出ていただきたい。ただし、各章は独立しているので、好きなようにワープしていただいても結構である。

令和元年（二〇一九年）六月　古戦場である国府台のキャンパスにて

杉浦功一

目次

はじめに　杉浦功一　002

ラインハルト型リーダーとヤン型リーダー
銀英伝にリーダーシップを学ぶ　015
リーダーシップとは何か？
銀英伝に見る「支配の三類型」
ラインハルト型リーダーシップとヤン・ウェンリー型リーダーシップ
ラインハルト型リーダーシップの問題点と限界
リーダーの後継者問題
マネジメントの必要性、参謀論

国家権力の「奪い方」
クーデターに学ぶ民主主義の逆説　037
銀英伝におけるクーデター
クーデターとは何か、その定義
クーデターは民主主義への逆行なのか？

クーデターと民主主義の逆説
善と悪の決定できなさ
民主主義の形式と実質
「民衆のための専制」はありうるか

ヤンの苦悩から読み解く「民主主義」の意義 057

「より民衆のための」政治？
民主主義とは何か？
民主主義の誕生と死、そして復活？
冷戦と銀英伝の世界
「民主的」でない民主主義？
民主的だが「民主主義」ではない？
それでも民主主義は腐敗を斥ける
拠点さえ押さえれば勝てるのか

イゼルローン攻略の地政学 085

軍事拠点をめぐる攻防

海上の「点」と地政学
チョークポイントをめぐる緊張
チョークポイントの成立条件
奇をもって勝つ

アスターテ会戦に見る戦略／戦術論 107
必勝の「兵法」は存在するか
ヤンとラインハルト、運命の初戦
アスターテ会戦に見るランチェスターの法則
戦いの外に戦争の勝敗がある
罠・詐術、ヤンと孫子の共通性
金言の罠とマニュアル本の乱用

テロリズムの肯定は可能か？ 129
ヤンの信念と現実世界
銀英伝におけるテロ
遍在するテロリズム

テロへの対抗措置
テロの手段と担い手の拡大

銀英伝に学ぶ「正戦論」とその限界 145

「正しい」戦争はあるのか
ヤンの「正義」と命よりも大事なもの
ラインハルトの「正義」と結果の正義
功利主義と価値の多元性
「正しい戦争」の条件？
正戦論から見た銀英伝
歴史主義、「歴史」のための戦争？

戦争の「罪悪」について 171

銀英伝は何を描かなかったか
銀英伝が描いた戦争の「罪悪」、戦場の外の犠牲者たち
夥しい数の死
銀英伝で描かれない災厄

現代世界の新しい戦争
見えない犠牲者たちの世界

権力者たちを悩ませる永遠の難問
カリスマ指導者たちの後継者問題　191
現実世界の後継者問題
誰が後継者として選ばれるのか
後継者に必要な資質、フォロワーからの支持
簒奪される後継の「座」
後継の失敗／後継後の失敗
独裁から別の独裁へ

おわりに　大庭弘継　216

銀英伝にリーダーシップを学ぶ

ラインハルト型リーダーとヤン型リーダー

「ラインハルトさま……」
「宇宙を手にお入れください」

（キルヒアイスの最期の言葉、第二巻、三二一頁）

「ついにみずからが革命政権の首座につこうとしなかったのは、彼が、文民支配という民主共和政治の制度にこだわったからである」

（ユリアンによるヤン評、第七巻、一五八頁）

銀英伝ではその名の通り、多くの「英雄」が登場する。主人公のラインハルトとヤンを筆頭に、登場人物たちはそれぞれリーダーシップを発揮すると同時に、周囲の人々に支えられていた。そのうえで、戦いに敗れたり、勝利したりする。このことは私たちの世界においても同様である。

銀英伝で描かれる政治や軍事の世界はもちろん、経営の世界でもリーダーシップのあり方は議論され続けている。近年は「リーダーシップ教育」が注目されるなど、リーダーシップは英雄のみならず万人に求められる素養となっている。

しかし、好ましいリーダーシップのあり方にはさまざまな形がありうる。私たちがもし銀英伝の世界に生まれたとすれば、リーダーにしたいのはラインハルトとヤン、どちらのタイプだろうか。逆に、彼らのリーダーシップのあり方はいまの世界にどのように参考になりうるのだろうか。

リーダーシップとは何か？

帝国軍の一将校という立場から、ゴールデンバウム王朝の専制政治から民衆を解放し、ローエングラム王朝の初代皇帝へと弱冠二三歳にして上り詰めたラインハルト・フォン・ローエングラム。卓越した軍事的才能と政治的手腕、そして人々を惹きつけてやまないカリスマ性……。この金髪の青年将校の姿から、私たちは突出したリーダーシップのあり方を数多く学ぶことができるだろう。

いうまでもなく、銀英伝は戦乱の時代を舞台にしたＳＦ小説である。しかし、私たちの生きる現代の先進諸国はそのような時代ではない。従って、現在のリーダーシップをめぐる議論は、主に経営学の分野で大きく発展している。[※1] 日本のような戦争のない先進国では、リーダーシップはむしろビジネスの世界で求められる。

　著名な経営学者であるピーター・ドラッカーは、効果的なリーダーシップを「組織のミッションを考え抜き、明確に定義し、確立すること」と定義した。また、経営学におけるリーダーシップ研究で有名なジョン・P・コッターは、『リーダーシップ論　人と組織を動かす能力』の中で、リーダーシップとはフォロワーに意識の変化を積極的に促す行為であり、「ビジョンと戦略を策定すること、戦略にふさわしい人員を結集すること、障害を克服しビジョンを実現するために、社員にエンパワーメントすることである」とした。[※2]「ゴールデンバウム王朝の打倒」をミッションに掲げ、キルヒアイスをはじめとして、ロイエンタール、ミッターマイヤーなどの優れた軍人たち、そしてときにミッション達成

ラインハルト／『銀河英雄伝説』第1巻（黎明篇）マッグガーデン、2018年より

のための「汚れ役」をも辞さないオーベルシュタインなど「戦略にふさわしい人員」を結集し、さまざまな障害を克服してきたラインハルトほど「リーダーシップ」という言葉がふさわしい人物はいないだろう。

銀英伝に見る「支配の三類型」

もちろん、現代においてもリーダーシップはビジネスの世界だけの問題ではない。たとえば、政治の世界を考えてみよう。リーダーシップは国家や企業などの組織が「支配」を行うために必要な要素でもある。社会学者マックス・ウェーバーの有名な「支配の三類型」は政治学でもよく引用されるが、その議論によると、支配には、「カリスマ的支配」「伝統的支配」「合法的支配」の三種類があるという。※3

「カリスマ的支配」では、人を惹きつける魅力や生まれつきの才能が、人々に支配を受け入れさせる。ラインハルトや銀河帝国を築いたルドルフは、まさに強いカリスマ性を持った支配者である。自由惑星同盟を離れた後「不正規隊《イレギュラーズ》」を率いてイゼルローン要塞を奪回し最後に暗殺されるまでのヤンも、国家を支配したわけではなく、本人もそういうイメージを嫌ってはいたものの、カリスマ的な要素を持っていたといえる。現実世界でも、中華人民共和国の毛沢東や、インドのマハトマ・ガンディー、ベトナムのホーチミンなどが、銀英伝における自由惑星同盟の創始者アーレ・ハイネセンのように、建国の父であり強力なカリスマ的な政治指導者として名前を残している。経営の世界でも、カリスマ経営者として松下幸之助や本田宗一郎といった名前が挙げられるだろう。

他方、「伝統的支配」では、血筋や伝統によって支配が正統化される。そこでは、支配者の政治手腕や民衆からの支持といったことが権力の源泉にあるのではなく、「支配権力が長年続いてきた」という事実そのものによって、支配が権威づけられ、神聖視されるのである。たとえば、銀英伝でのゴールデンバウム王朝の皇帝と門閥貴族による支配は、典型的な伝統的支配である。ゴールデンバウム王朝の始祖・ルドルフは、もともとはその政治手腕と人々からの熱烈な支持によって独裁政権を樹立した。しかし、それ以降の皇帝はあくまで世襲に基づいている。そこでは「ルドルフの血筋である」ということ自体が神聖化され、権威づけられるのである。また、そのゴールデンバウム王朝を打倒してラインハルトが樹立したローエングラム王朝も、結果としてラインハルトの子（アレクサンドル）へと帝位が受け継がれていくこととなった。企業でも、創業者の一族が後を継ぐケースはいまだ多く見られる。

最後に、「合法的支配」では、定められた規則によって支配と服従の関係がもたらされる。

政府や企業といった近代組織は、法律や定款といった規則によって組織の目的や仕組み、統治《ガバナンス》のメカニズムが定められる。重要なのは、合法的支配では「官僚制」の発達が避けられないことである。ここでいう官僚制とは、行政組織だけを指すものではなく、あらゆる近代的な組織が有する特性であり、部長や課長といった役職によって構成員の役割や権限が決められ、定められた手続きに沿って組織が運営される状態をいう。たとえば、銀英伝の物語の中心的な舞台である軍隊もまた、巨大な官僚制組織であり、軍人の「階級」は、軍隊組織の支配と服従を定める規則を体現する象徴である。

　現代社会における組織の大半は、この合法的支配によって維持されている。人口が増えて、社会が近代化し複雑化するにつれ、大規模化する行政や企業の組織を管理するには、リーダーの個性に左右されるカリスマ的支配や、慣習や血統といった曖昧さが残る伝統的支配では不十分となり、官僚制を通じた合法的支配が広がっていった。国家の場合も、かつては伝統的な支配による専制君主国家が大半を占めていたが、近代以降は法に基づく支配が主

ウェーバーの「支配の3類型」を銀英伝に当てはめると

支配の類型	該当する銀英伝の体制
カリスマ的支配 （個人の才能や 魅力による支配）	ラインハルト体制／（ヤン陣営）／ ルドルフ・ゴールデンバウム体制
伝統的支配 （血筋や伝統による支配）	ローエングラム王朝／ ゴールデンバウム王朝
合法的支配 （法や規則による支配）	自由惑星同盟

流となっている。私たちも、その生活の大半は会社や学校といった規則が張り巡らされた官僚制組織で過ごしている。

銀英伝でいえば、法律に基づいた選挙によって選出された政治家が支配を行う自由惑星同盟が、この合法的支配にあたるだろう。ヤン・ウェンリーは最終的に自由惑星同盟軍の元帥にまで昇進したが、それはあくまで軍隊という官僚組織のトップであるにすぎない。

ラインハルト型リーダーシップとヤン・ウェンリー型リーダーシップ

現代社会を生きる私たちは、ともすると官僚制を通じたルールによる支配が最も「進んだ」制度であると考えがちだ。しかし、インターネットの発達によって情報化が進み、経済や人の移動がグローバル化するにつれて社会の変化は加速化している。すると、安定性を利点とする官僚制組織では、かえって時代の変化に適応できない事態もたくさん起こるようになった。むしろ、規制の独り歩き、(官僚が)杓子定規な行動で仕事をすませようとする傾向、手段の目的化といった「官僚制の逆機能」による弊害が指摘されることが多くなるのである。[※4]従って、最近のリーダーシップ研究では、急速な変化に対応できるように、国家でも企業でも、組織に変革をもたらす「変革的なリーダーシップ」が求められるよう

になっている。[※5]

実際、先述のコッターによると、企業として成功を収める変革は七〇〜九〇パーセントはリーダーシップによってもたらされてきたという。組織が大きくなるにつれて、リーダーシップが欠如し、傲慢さや狭量、官僚主義が根づいてしまい、マネジメントが過剰となり、後押しより後戻りの力が作用するようになる。[※6] 銀英伝でも、自由惑星同盟は、軍隊も含めて硬直した官僚主義にむしばまれ、ラインハルトのリーダーシップで門閥貴族による支配が刷新された銀河帝国に敗北することとなった。

変革型リーダーシップでは、カリスマ的な要素が重要となる。経営学のある研究によると、カリスマ的リーダーシップの行動特性には、「ビジョンを打ち出す」「環境の変化を察知する」「型にとらわれない行動」「リスクをとる」「フォロワーの気持ちを察知する」「現状に満足しない」といった点が挙げられる。[※7]

これらカリスマ的リーダーの要素は、まさにラインハルトに当てはまるであろう。銀河帝国と自由惑星同盟の間の長期的な戦争という状況で、ラインハルトは閉塞化したゴールデンバウム王朝が打破された後の新しい世界のビジョンを示す。そして、状況の変化を読み取って行動し、「ラグナロック（神々の黄昏）」作戦では「イゼルローン回廊を通過しなければ自由惑星同盟領にはたどり着けない」という既成観念を打ち破って、フェザーン回廊を通過して同盟に侵攻し、自らを危険にさらしてまでヤンをおびき出した。同時に、容赦のない面があるものの、部下の提督たちの心情の変化にも配慮して指示を与え、かつあくなき野心を持ち続けた。

それに対して、ヤンはどのようなリーダーであろうか。カリスマ的リーダーかどうかというと、「環境の変化の察知」「型にとらわれない行動」「リスクをとる」「フォロワーの気持ちを察知する」といった特性は随所で体現していた。しかし、自由惑星同盟が帝国に敗れ、同盟軍によって自身の暗殺の危機が生じた際にやむを得ずエル・ファシル革命政府に身を投じるまでは、政治や軍事の新たなビジョンを示したり、自由惑星同盟の政治体制（民主政治）そのものを否定したりということはなかった。

外見においても、ラインハルトとヤンは対照的である。金髪をたなびかせるラインハルトは、その外見と内面から放たれるオーラが人々を圧倒する。対してヤンは、「いますこ

ヤン・ウェンリー／『銀河英雄伝説』第３巻（雌伏篇）マッグガーデン、2018年

して助教授の座をつかみえるのに学識より政治力の不足から講師にとどまっている青年学者」（第五巻、三二八頁）にしか見えないと評されている。だが、冴えない外見にもかかわらず、ヤンは「奇蹟《ミラクル》のヤン」として、劣勢の同盟軍を率いてラインハルトと互角に渡りあったのである。

ヤンのリーダーシップにもカリスマ的要素がなかったわけではないが、むしろ、いわゆる「サーバント・リーダーシップ（支援形リーダーシップ）」を体現していたといえるかもしれない。サーバント・リーダーシップとは、アメリカの経営学者ロバート・K・グリーンリーフが提唱した概念で、相手を自分の意のままに支配して導く「支配型リーダーシップ」とは逆に、奉仕の精神に基づいて人々を支え、導くようなリーダーシップのあり方である。※8企業であれば、まず第一にフォロワーである社員たちの福利厚生の向上や、社会全体の発展への寄与といった企業理念の追求をリーダーが目指す。その点、ヤンは「自由と民主主義のために戦う」という民主国家の軍隊の理念を、ある意味、トリューニヒトら自由惑星同盟の政治家以上に追求したといえるだろう。

ラインハルト型リーダーシップの問題点と限界

銀英伝の物語では、ラインハルト率いる銀河帝国が自由惑星同盟を打ち破った。では、ラインハルト型のリーダーの方がヤン型リーダーよりも優れているということになるのだろうか？　必ずしもそうではない。変革型リーダーシップには限界もある。まずは、平常時への切り替えの難しさである。先述のマックス・ウェーバーは、カリスマ的支配について、それを人々の支配者に対する「人格的」かつ「非日常的」な帰依に基づいたものだとしているが、「カリスマ的支配」とはなによりも、銀英伝における戦乱のような非日常的な状況において人々に求められるものである。戦時中や社会の変化といった組織を取り巻く環境が非常の際には、カリスマによる変革型のリーダーシップが必要とされても、次第に組織自体が安定してくると、より安定的な伝統的支配や合法的支配が求められることになる。ウェーバーはこれを「カリスマの日常化」と呼んでいる[※9]。カリスマ的支配は強い求心力を持つが、長続きはしないのである。実際、ルドルフ・ゴールデンバウムやラインハルトが築いた帝国は、やがて世襲による伝統的支配に変質してしまっている。

また、カリスマ的なリーダーが居座ることは、いわゆる「リーダーシップの幻想」によってむしろ組織に不利益をもたらす可能性すらある[※10]。すなわち、組織のあらゆる業績が、よくも悪くもすべてリーダーのせい（属人的な理由）にされてしまい、肝心の問題点が見過ごされてしまうのである。

たとえば、アメリカのオバマ前大統領は、「チェンジ（変革）」を唱えて、アメリカのみならず世界を変革するリーダーとしての期待を背負って、さっそうと二〇〇九年に大統領の座に就いた。しかし、オバマケアの実現やサブプライムローン危機への対応、イランとの核開発についての合意などの実績を積み上げたにもかかわらず、イラク情勢の行き詰まりやアメリカの製造業の衰退など、必ずしも大統領のリーダーシップだけの問題とは言い切れないことにまで責任を負わされ、「期待を裏切られた」と感じた国内外の人々の支持を失っていき、ひいては、アメリカそのものの威信を傷つけることとなった。

問題は、オバマに「幻滅」したアメリカ国民が、二〇一六年末にトランプという人物を大統領に選んでしまったことである。トランプは、中東からの人々の入国を拒否したり、地球温暖化問題対策のパリ協定からの離脱を表明したりなど、アメリカの

銀英伝に見る２つのリーダーシップ像

リーダーのタイプ	該当する人物	長所	短所
変革型／支配型リーダー	ラインハルト	非日常的で変化に富む局面での柔軟な決定／既成概念の創造的な破壊	個人への依存による長続きのしなさ／日常的状況での権力の頽落
サーバント・リーダー	ヤン	フォロワーの満足度を高める民主的指導／権力の一極集中の回避	非日常的な状況下におけるトップダウン的意思決定の不在

威信をさらに低下させてしまう。しかし、トランプが自らの政権運営の成果として自慢するアメリカの好景気は、基本的にオバマ政権の政策によるものである。銀英伝では、ラインハルトは病によって早世したが、もし存命であった場合、オバマと同じような運命をたどったかもしれない。他方、自由惑星同盟の方は、問題を直視することなく、トリューニヒトというまさにトランプのように人々の感情を煽り、中身のない言葉を弄するポピュリスト政治家を選び、自滅してしまった。

また、カリスマ的なリーダーは、リーダーの座に長期間居座るにつれていろいろな問題を生み出す。

まず、自らの英雄的なイメージを維持しようとすることで弊害を生む。ジンバブエのムガベ大統領は、一九八〇年代には白人支配を破って独立を勝ち取り、なおかつ人種融和政策で国際的な評判を得たが、在任期間が長くなるにつれて腐敗や経済の停滞などの失策が目立つようになった。

そこでムガベは、権力の座に居座るためにかつての英雄としてのイメージを喚起すべく、白人を敵視して白人の農園を強制的に接収し黒人の小作人に配分するなどした。しかし、ムガベの政策は国内の農業生産の危機的な低下を引き起こしてしまう。最後は、二〇一七年、四〇歳下の若い妻に権力を移譲しようとして、軍のクーデターにより在任三〇年、九三歳にして政権の座を追われることとなった。銀英伝でも示唆されるように「名君にとって最大の課題は、名君でありつづけることなのである。名君として出発し、暗君または暴君として終わらなかった例は、ごく珍しい」（第七巻、二四頁）のである。

同じように、ロシアのプーチン大統領も、さまざまなパフォーマンスによって「頼りがいのある指導者」像を維持してきた。たとえば、二〇〇九年にピカリョヴォという町で、セメント工場の生産停止で解雇された労働者が抗議運動を行って町の機能が完全停止した際、プーチンはモスクワから駆けつけ、カメラの前で工場の所有者を叱責して工場を再開させた。[※11] しかし、最近の原油価格低下による財政難のために、結局はメディアの統制といった強硬手段に訴えざるを得なくなっている。

支配者が自らの「英雄」像に縛られる様子は銀英伝でも見られる。ラインハルトはその不敗神話を維持するために、バーミリオン星系での戦いで危機に陥っても、敗北を受け入れて撤退するわけにはいかず、ヤン艦隊の猛攻で討ち死に寸前となった。結果的にミッターマイヤーとともに同盟首都で降伏を強要したヒルダの機転で救われたが、それがなければローエングラム王朝は短命に終わったことだろう（第五巻）。あるいは、ヒルダのいとこでありラインハルトに嫉妬して地球教にそそのかされ、ラインハルト暗殺を試みたキュンメル男爵の事件でも、命乞いをするよう求めるキュンメル男爵に、ラインハルトは時間稼ぎのためだとしても膝を屈することはできなかった。

対して、サーバント型のリーダーであるヤンは、のちにユリアンによって「彼は誰よりも、権力を集中させた場合の自分自身をおそれていた」（第七巻、一五九頁）とも回想されるように、決してこのような独善には陥らなかった。しかしながら、そうしたヤンの民主的な態度では、トリューニヒトら自由惑星同盟の政治家たちの失政を押しとどめることができず、結果として自由惑星同盟の消滅を招いてしまった。やはり、銀英伝の舞台となったような非日常的な戦乱期においては、サーバント型のリーダーよりもカリスマ的な変革型リーダーの方に分があるのだろう。ただし、そうした非日常的な状況が終わり、日常的な平和が続く時代には、むしろ求められるのはヤン・ウェンリー型のリーダーシップであるともいえる。

リーダーの後継者問題

また、カリスマ的リーダーには後継者問題もつきまとう（一九一頁、後継者問題の章も参照）。古今東西、リーダーが後継者をどう育て、どのタイミングでどう跡を譲って、組織を維持していくのかは難しい問題である。政治の世界では、夫の後を妻や息子が継ぐというのは珍しくない。民主主義国家でも、選挙の地盤を親族が受け継ぐ世襲議員の割合は日本では多く、第二次安倍内閣では閣僚の半数に達したこともある。アメリカでも、ケネディ一族やブッシュ一族、クリントン夫妻といった例がある。これもある意味では、現代の伝統的支配といえるものであり、それは民主国家にも無縁ではないのである。

後継者問題は、特にカリスマ的リーダーの場合は難しくなる。フォロワーがいつまでもカリスマ的リーダーに依存して、後継者が育たないケースも多い。マレーシアのマハティールは、一九八一年から二〇〇三年まで首相として強力なリーダーシップで国の経済発展を導いたが、政界引退後その後継者は腐敗してしまった。憤慨したマハティールは、二〇一八年に野党指導者として、かつて率いた政党連合に選挙で挑んで勝利し、九二歳にして首相に復帰することとなった。ビジネスの世界でも、たとえば中内功《いさお》は、一代で小売のダイエーブランドを育て上げたカリスマ的な創業者であったが、後継者にバトンを譲ることができないまま、ダイエーグループは凋落し買収されてしまった。

銀英伝では、ヤン自身は望まなかったものの、フレデリカとユリアンがその遺志を継いだ。他方、第二代の幼帝をミッターマイヤーら元勲が支えることでローエングラム王朝は続いていく。二人が生き永らえた場合、どうなったかは銀英伝の歴史のイフである。

マネジメントの必要性、参謀論

ここまではリーダーシップを強調してきた。しかし、組織はリーダー一人で動かせるわけではなく、マネジメントも必要である。リーダーシップとマネジメントは異なる。マネジメントの目的は、「既存のシステムを動かし続けること」であるのに対して、リーダーシップの目的は、「効果のある変革、特に大きな変革」を生み出すことである。[※12]社員の士気を奮い立たせるビジョンを打ち出すリーダーシップには、それを実現するためのマネジメントが必要である。

ホンダの本田宗一郎と藤沢武夫の例のように、変革的なリーダーシップが最大限発揮されるためには、マネジメントを含めた「チーム」が必要である。[※13]これは政治の世界でも同様だろう。アメリカでは、「怒り」にまかせてツイッターで好き放題につぶやくトランプ大統領のスタイルに周囲がついていけず、政権発足以来、次々と政府幹部が辞めていき、政権運営に混乱をきたしている。

銀英伝においても、ラインハルトとヤンのリーダーシップを引き出すマネジメントが確立されていた。ラインハルト陣営においては、当初はキルヒアイスがラインハルトの参謀を務め、マネジメントを行っていた。しかし、そのキルヒアイスは、門閥貴族軍のアンスバッハ准将による銃撃からラインハルトをかばって、命を落としてしまう（第二巻）。キルヒアイスの死後はオーベルシュタインが参謀を務めた。ただし、キルヒアイスと、「〝ドライアイスの剣〟と言われるほど鋭利冷徹なオーベルシュタイン」（第六巻、一四一頁）は、参謀としての性格は対照的であった。オーベルシュタインの助言を受けて、幼い皇帝が誘拐されるのをわざと見逃すなど（第五巻）、キルヒアイスが健在であればやめるよう諫言《かんげん》されたかもしれない策略もラインハルトは採用した。

そのほかにも、宇宙艦隊司令長官のミッターマイヤーと統帥本部総長のロイエンタールが軍事の戦術面を支え、ケスラーが憲兵総監として軍隊組織の規律をたもち、文民ではマリーンドルフ伯フランツが国務尚書として官僚組織をまとめるなど、優れた人材が新銀河帝国（ローエングラム王朝）においてラインハルトを支えた。

ヤンの陣営の方はというと、ラインハルトのように国家の政治を担うことはなかったものの、人材が適材適所に配置され、ひとつのチームとして機能していた。参謀長のムライは、ユリアンからは当初「官僚臭」のためにあまり親しまれなかったものの、あえて常識論を述べることで、リーダーであるとともに自身もマネジメントの才能を兼ね備えていたヤンの作戦立案を支えた。キャゼルヌは優れた事務処理能力で兵站《へいたん》など後方支援を行い、フィッシャーは艦隊運動を維持し、シェーンコップは白兵戦で貢献した。フレデリカは驚異的な記憶力と情報・事務処理能力で公私ともにヤンを支えた。たしかにヤン自身が戦略や戦術を立案してきたが、その真価が発揮できたのは、リーダーシップとマネジメントがうまく合わさってきた結果であった。

ただし、ヤン陣営はあくまでも自由惑星同盟という民主国家での軍隊の一部であることにこだわった。帝国が同盟に押しつけた不平等条約である「バーラトの和約」後、やむを得ず「不正規隊《イレギュラーズ》」のトップに立つまで、シェーンコップにそそのかされても、トップに立つことを拒絶しつつけた。しかし、ビュコック宇宙艦隊司令長官などを除くと、軍の上層部やシビリアンコントロール（文民統制）の下で上司たる政治家には恵まれなかった。ラインハルト陣営に比べれば変革チームの差の大きさは否めないだろう。

それでも、現代のリーダーシップに求められるものは変化している。先のコッター教授は、現代のリーダーシップの教訓として、命令する仕事の重要性は低下していて、むしろ、人脈で結ばれた人たちと良好な仕事関係を築くことの重要性が高まっていると指摘する。[※14]また、優秀なマネージャーは、指示よりも質問していることのほうがはるかに多く、実際に重大な方針を下すことはめったになく、「むしろ、無駄話や冗談を言い合って人間関係を深めようとしている」とも述べる。[※15]その点で、ヤン陣営では、シェーンコップやポプランらの皮肉や冗談がつねに飛び交い、ときにはヤンもその対象となるくらいに親密な人間関係が築かれてきた。アッテンボローのいう「伊達と酔狂」がヤンの艦隊を支配していた。圧倒的なカリスマ性を備えて部下に指示を飛ばすラインハルトとは異なるスタイルで、ヤンはリーダーシップを効果的に発揮してきたのである。

ラインハルトとヤンのどちらをリーダーにしたいか、という最初の問いへの答えは人によって異なるであろう。しかし、現代のリーダーシップのあり方を考えるうえで、二人の共通点や相違点を手掛かりにしてみることは面白いことかもしれない。　（S）

※1　小野善生『最強のリーダーシップ理論集中講義』日本実業出版社、二〇一三年
※2　ジョン・P・コッター（DIAMONDハーバード・ビジネス・レビュー編集部ほか訳）『リーダーシップ論　人と組織を動かす能力（第二版）』ダイヤモンド社、二〇一二年、一八頁
※3　マックス・ウェーバー（濱嶋朗訳）『権力と支配』講談社学術文庫、二〇一二年／小野、前掲書、第二章
※4　小野、同前
※5　ジョセフ・S・ナイ（藤井清美訳）『大統領のリーダーシップ』東洋経済新報社、二〇一四年
※6　コッター、前掲書、第二章／ジョン・P・コッター（梅津祐良訳）『企業変革力』日経BP社、二〇〇二年も参照

※7　小野、前掲書
※8　小野、同前、第五章／ロバート・K・グリーンリーフ（野津智子訳）『サーバント
であれ　奉仕して導く、リーダーの生き方』英治出版、二〇一六年
※9　ウェーバー、前掲書、第五章
※10　小野、前掲書
※11　フィオナ・ヒル、クリフォード・G・ガディ（濱野大道・千葉敏生訳・畔蒜泰助監
修）『プーチンの世界「皇帝」になった工作員』新潮社、二〇一六年
※12　コッター、二〇一二年、前掲書、一九頁
※13　小野、前掲書
※14　コッター、二〇一二年、前掲書、二六頁
※15　コッター、同前、二七頁

クーデターに学ぶ民主主義の逆説

国家権力の「奪い方」

「理想を失い、腐敗の極に達した衆愚政治を、吾々の手で浄化しなくてはならない。これは正義の戦いであり、国家の再建にさけてはとおれない関門なのだ」

（グリーンヒル大将とおぼしき人物、第二巻、四七頁）

国家権力の「奪い方」にはさまざまな方法がある。

民主主義の国家では、憲法の規定に則って選挙戦を争い、多数の国民の支持を得たものが政権の座に就く。専制王政では、その血筋によって至高の権力を継承する。これらは何らかのルールに基づく権力の継承である。

しかし、人類の歴史では、非合法的な手段による権力の奪取が繰り返されてきた。圧政に苦しむ人々が独裁者を打倒する革命のように、体制の「外側」から権力が奪われる場合もあれば、本章で取り上げるように体制の「内側」の勢力が非合法に権力を奪い取るクーデターまで、そのやり方はさまざまである。

そこで生まれるひとつの問いは、そのような非合法的な権力奪取は一切許されないのか、それともある場合には許されるのかである。ここでは、クーデターを対象に、そのことについて考えてみたい。

銀英伝におけるクーデター

まずは銀英伝におけるクーデター（第二巻、救国軍事会議のクーデター）のなりゆきについて振り返ってみることにしよう。事の起こりはこうである。

宇宙歴七九七年（帝国暦四八八年）銀河帝国では、前年のフリードリヒⅣ世死去に伴い、ラインハルトが帝国の実権を握るようになった。それに不満を強めたブラウンシュヴァイク公ら門閥貴族との間で、帝国の主導権をかけたリップシュタット戦役がはじまる。

他方、前年のアムリッツァの戦いで大敗した自由惑星同盟では、グリーンヒル大将による軍事クーデターが挙行され、救国軍事会議が権力を掌握した。しかしそれは、門閥貴族との対決を控えたラインハルトが自由惑星同盟に介入させないために仕組んだ謀略であった。かつてヤンが英雄となるきっかけとなったエル・ファシルの奇跡（帝国軍の攻撃から、ヤンの機転によって住民全員を無事脱出させた出来事）で、人々を残して逃亡し帝国に捕まったリンチ少将が、ラインハルトの謀略の片棒を担いで同盟に帰国し、クーデター派をそそのかしたのである。

グリーンヒル大将らクーデター派は、まず、自由惑星同盟の各地で反乱を起こし政府を動揺させたのち、首都の惑星ハイネセンの主要部を武力で制圧してビュコック宇宙艦隊司令長官など政府と軍の首脳陣を拘束し、「救国軍事会議」の設立を宣言する。このとき、国家元首であった最高評議会議長のトリューニヒトは、クーデターを直前で察知して行方をくらましている。

この救国軍事会議の行動は、首謀者たちの意識としては、数千万の兵士の死者を生んだアムリッツァ会戦の敗北による打撃、急速に進行する政治の腐敗、長引く戦争による経済と社会の弱体化によって、「このままでは自由惑星同盟は滅びてしまう」という危機感に突き動かされたものだった。少なくとも首謀者たちの主観的には、あくまで「世直し（救国）のためのクーデター」だったのである。

このクーデターの際に、救国軍事会議は、イゼルローン要塞の司令官であるヤンにも協力を呼びかけている。しかし、ヤンは現在の自由惑星同盟の権力が腐敗していることを認めながらも、非合法な手段で権力を奪取しようとする救国軍事会議は「いまの連中よりひどい」と協力を拒み、救国軍事会議が派遣した第一一艦隊をドーリア星域の会戦で撃破することとなる。

ヤンの勝利で救国軍事会議は主要な宇宙戦力を失い、次第に追い詰められていく。こうして追い詰められた救国軍事会議は、ヤンの旧友ジェシカ・エドワーズが中心となって開催された反クーデターの集会に集まった若者の一人を見せしめのために処刑し、続いてそれに抗議したジェシカをも撲殺してしまう。さらに、これをきっかけに起こった騒乱を武力で弾圧して「スタジアムの虐殺」と呼ばれる二万人の死者を出す悲劇を起こした。世直しのためのクーデターで、多数の無辜の民衆の血が流れたのである。

救国軍事会議が人々の支持を失う中で、ヤン艦隊はクーデター派に占拠されたハイネセンへと進軍し、首都防衛のための絶対的な無人軍事衛星システムである「アルテミスの首飾り」を、奇策を用いて一滴の血も流さず撃破する。行き場を失った救国軍事会議では、陰謀を暴露したリンチ少将とグリーンヒル大将が相撃ちで死去し、クーデターは終焉を迎えることになる。

クーデターとは何か、その定義

救国軍事会議のように、軍部などの政府内部の集団が非合法的な手段で権力を奪取しようとするクーデターは、世界中で幾度となく繰り返されてきた。

政治学者のモンティ・G・マーシャルとドナ・ラムゼイ・マーシャルによれば、クーデターとは「国家の支配的あるいは政治エリート内部の反対派閥による、政権の力ずくでの奪取であり、前体制の執行部と政策の実質的な変更をもたらす結果となるもの」と定義される。[※1] この定義で測った場合、一九五〇年から二〇一〇年にかけて世界中で四五七のクーデターが試みられ、そのうちの半数が成功していることになる。試みられたクーデターの数は一九六〇年代をピークに減少傾向にあるが、その成功率は二〇〇〇年代に入ってむしろ高まっているのだという。[※2]

反政府勢力による武装蜂起や民衆による革命とクーデターが異なるのは、クーデターに参加するメンバーは、従来は体制側の一員であったという点にある。銀英伝のクーデターでも首謀者であるグリーンヒル大将は、査察部長の要職に就いていた。クーデターの主体は必ずしも軍部だけではなく、それとつながった政治家や官僚、警察も参加する場合がある。

救国軍事会議のクーデターが実はラインハルトの謀略の結果であったように、クーデターに外国勢力が介入することもある。たとえば、一九七三年のチリにおけるピノチェト将軍によるクーデターの背後には、反米的なサルバドール・アジェンデの社会主義政権の打倒を狙ったアメリカの中央情報局（CIA）がいた。

また、クーデターの初期において救国軍事会議がハイネセンを大きな被害を出さずに速やかに掌握したように、クーデターは流血の事態を必ずしも伴うわけではなく、「無血クーデター」も歴史上たびたび起きてきた（銀英伝では、その後追い詰められた救国軍事会議が「スタジアムの虐殺」を起こしてしまうのだが）。むしろ、抵抗されることなく権力を奪取することが、クーデターの目的であり成功の鍵であるともいえる。

クーデターに関する古典的研究『ルトワックの〝クーデター入門〟』で、エドワード・ルトワックが「クーデターとは、国家機関の中の、小規模でも決定的に有用な部分への浸透によって成り立っている。この部分を利用し、政府が残りのすべての部分に及ぼしている支配権を奪うものである」[※3]と述べるように、クーデターのターゲットはあくまでも首都の政治権力の中枢であり、なるべく最短距離でそれを抑えるのが定石である。地方で蜂起して最終的に国家権力を奪おうとするのは、クーデターとはいえない。イタリアのムッソリーニが一九二二年一〇月に南部のミラノから首都ローマへの「進軍」によって権力を掌握したが、それは当時の国王の支持があった例外的なものであり、ヒトラーのミュンヘン一揆などそれを模倣した

革命とクーデターの違い

非合法な権力奪取の種類	首謀者
革命	民衆の支持をもとにした反体制勢力
クーデター	旧体制内の非主流派勢力

試みはほとんどが失敗に終わった。救国軍事会議も地方で陽動はしたものの、その目標は首都ハイネセンにある政府の主要拠点であった。ヤンが語るように、「地方的な叛乱」は「首都における権力中枢の奪取」と「有機的にコンビネーション」させる必要があり、その目的はあくまで「首都の兵力を分散させ」ることなのである（第二巻、四二‐四三頁）。

救国軍事会議も行ったように、国民にクーデターの正当性を示し、逆に反対意見の拡大を抑えるために、テレビやラジオなどの主要なメディアも最初のターゲットとなる。ただし、最近では、ＳＮＳやインターネット、スマートフォンの発達で、情報のコントロールは容易ではなくなっている。たとえば、二〇一六年七月一五日のトルコでの軍事クーデターの試みでは、反乱軍はテレビ局は抑えたものの、エルドアン大統領を取り逃がしてしまった。エルドアンはすかさずＦａｃｅＴｉｍｅを使って反クーデターを呼びかけ、ＳＮＳによる拡散で集まった市民の抗議によりクーデターはとん挫した。

国民の反発や混乱を抑えるためにも、クーデターは速やかな権力の掌握を目指す。クー

失敗に終わったミュンヘン一揆

デターが成功すれば、首謀者たちは最終的には抜本的な権力構造や政策の変更を行うかもしれないが、短期的には、首謀者による政府中枢の「首の据げ替え」を行うことを目指し、抵抗しない限り、旧来の政府の下部組織はそのままにされることが多い。つまり、古い権力システムの構造をそのまま流用するのである。その方が権力掌握後の国家運営をスムーズにするためにむしろ好ましくもあるからである。二〇一四年五月のタイでの軍事クーデターでは、タクシン派の政府幹部が追放され、国家平和維持評議会が経済界を含む保守勢力からの支持を得て素早く権力を掌握し、タイ経済に大きな影響は出なかった。

また、クーデターの準備はあくまでも秘密裏に行われ、秘密の漏えいや裏切りを恐れてなるべく少数のみが関与するように仕組まれる。ヤンは、戦略的な観点からラインハルトによる策謀の可能性を予見して、事前にビュコックに相談していたものの、具体的なクーデターの動きを察知して予防することはできなかった。他方で、トリューニヒトは、救国軍事会議内部からの密告で拘束されず難を逃れている。

クーデターは民主主義への逆行なのか？

クーデターの動機として、首謀者側は往々にして「政治の浄化」や民主化の促進、前政権の政策失敗の是正など、国民が納得できそうな理由を掲げる。救国軍事会議の目的も、「救国」の名にあるように、政治の腐敗の一掃と打倒帝国であった。先述のタイのクーデターで登場したのも国家「平和維持」評議会であり、目的は国の平和を守るためとされた。しかし、クーデターの主体が従来は体制側の一員であるということが示唆しているように、実際には、権力争いで劣勢な側が巻き返すためであったり、単に兵士の給与の未払いへの不満であったりと、利己的な動機であることも多い。

また、当初は純粋な動機であっても、権力の甘い果実の味を知る中で、次第に自らの権力の維持自体が目的となることもある。

グリーンヒル大将ら救国軍事会議の動機も、それだけをとって見ればたしかに純粋なものであった。たとえば、救国軍事会議のエバンス大佐は、ヤンとの対話の中で「ヤン提督、吾々の目的は民主共和政治を浄化し、銀河帝国の専制政治をこの世から抹殺することにあった。（中略）貴官は結果として専制の存続に力を貸したことになるのだぞ」と述べている（第二巻、二七一頁）。しかし、「吾々がもとめているのは自己の権力ではない。これは一時の方便だ」（第二巻、二七二頁）と強弁するエバンス大佐に対し、ヤンが、帝国が打倒できない限り権力の座にしがみつき続け、市民の自由を奪い続けるのかと反論したように、クーデターで誕生した多くの政権では、一七年間の独裁政治で三〇〇〇人以上を殺害したチリのピノチェト然り、結局、自らの権力を守ろうとして人権侵害を強め、利益を得ようとして政治腐敗が進行していくのである。

エバンス大佐との会話の中で、ヤンは市民から選ばれない為政者が、権力と暴力によって市民の自由を奪い、支配しようとすることこそ専制であり、救国軍事会議が行ったことは、それであると断じている。また、政治家が賄賂をとることは個人の腐敗だが、政治家が賄賂をとってもそれを批判することができない状態は「政治の腐敗」であり、言論を統制した救国軍事会議には、帝国の専制政治や同盟の現在の政治を批判する資格はない、と厳しくやり込めてもいる。だが、エバンス大佐は信念を曲げないまま「軍事革命、万歳！」と叫び、最期を遂げることとなった。

このように、ヤンはクーデターのような非合法的な権力奪取が民主主義に貢献するとは考えていなかった。しかし実は、クーデターが必ず民主主義に逆行するものなのかについては、専門家の間でも意見が分かれている。なぜなら、結果的に民主主義を促進したように思われるクーデターも歴史上確認できるからである。たとえば、一九七四年にポルトガルで起きた国軍の青年将校によるクーデターでは、四〇年にわたるサラザール独裁体制がほとんど無血で打倒されたが、国軍は民主的な選挙を実施した後、新たに誕生した民主的な政権に権力を委譲し、政治から手を引いた。このポルトガルの民主化をもたらしたクーデターは、「カーネーション革命」と称賛されているのである。

国軍が権力奪取後に政治権力を民主政党に委譲したため、この軍事クーデターは結果的に「革命」と呼ばれた。だが、先ほどのマーシャルらのクーデターの定義に従えば、事の起こりにおいてこれは革命ではなくクーデターである。そして、この事変が「革命」といわれ、民主化をもたらしたというのは、実は結果論にすぎない面がある。クーデター成功後にスピノラ将軍が臨時大統領に就任したが、MFA（国軍運動）といわれる革新派の青年将校たちと対立し、辞任した後で再度クーデターを試みて失敗するなど、政治はしばらく混乱した。一九七六年の大統領選挙でMFA穏健派のエアネスが勝利することでようやく落ち着き、その後民主的な選挙が続くことで民主化の成功例となったのである。

以上の事例からもわかるように、どのような条件であれば、それが「民主的なクーデター」になりうるのかということについては、政治学では明確な答えが存在していない。しかしながら、クーデターが必ず民主主義に逆行するとも一概には言い切れないのである。

クーデターと民主主義の逆説

ヤンは強い信念を持ってクーデター勢力を打ち破ったが、その後の自由惑星同盟はトリューニヒトによってますます堕落し、ラインハルト率いる銀河帝国によって滅ぼされる結果となってしまう。いち早くクーデターを逃れ、姿をくらませていたトリューニヒトは、救国軍事会議が敗れた後、「私を知らないはずはないだろう。きみたちの国家元首だよ」（第二巻、二七六頁）とのうのうと姿を現した。クーデターを起こされながらも、それを招いた自らの政治姿勢を反省することなく、政略と民衆操作で権力を維持しようとするトリューニヒトに対し、ヤンは激しい嫌悪を感じつつも「憲章秩序の回復、軍国主義勢力にたいする民主主義の勝利を記念する式典」で握手せざるを得なかった。

こうして式典を終えて宿舎に帰ったヤンは「今日はあぶなかった」とユリアンに打ち明ける。「トリューニヒトに会ったとき、嫌悪感がますばかりだったが、ふと思ったんだ。こんな男に正当な権力をあたえる民主主義とはなんなのか、こんな男を支持しつづける民衆とはなんなのか、とね」（第二巻、三四八頁）。銀河帝国の創始者であるルドルフやクーデターを起こした救国軍事会議の首謀者たちは、そのような状態を救うのは自分しかいない、という全人類に対する責任感と義務感で専制に走った。トリューニヒトへの嫌悪を通じてヤン自身がこの逆説を理解し、そして我に返ってぞっとしたのである。

トリューニヒトとの握手を機にヤン自身も一瞬考えたように、クーデターを鎮圧したことははたして自由惑星同盟にとって、また民主主義にとって本当によいことであったのかは意見が分かれるであろう。ヤンをクーデター派に引き込もうとしたシェーンコップのいう通りに、クーデターに協力して自由惑星同盟内部の政治の膿を出し切ってしまった方が、民主政治の再生につながったのかもしれない。それは銀英伝における歴史のイフということになるが、同じ葛藤は現実の世界でも繰り返されてきた。

たとえば、先に述べたタイでは一九九〇年頃まで、「民主的選挙→政治不安→軍部によるクーデター」というサイクルが繰り返されてきた。一九九二年に軍事政権が民主化を求める人々のデモで崩壊して民主的な選挙が実施されると、しばらくは政党政治が続いて経済発展が進んだ。しかし、二〇〇一年に実業家であったタクシン・チナワットの政権が誕生すると、タクシンは利権のバラマキで農村と貧困層から支持を得て政治権力を強め、権力の腐敗も進んでいく。

これに対し、バンコクの都市住民と王政派（保守派）が不満を強め、二〇〇六年九月、軍部がクーデターを起こしてタクシンを国外へ追放してしまった。背後には、新興勢力であるタクシン派によって従来の既得権益を奪われることへの旧来のエリート層の反発があった。だが、「民主主義の回復」を表向きの理由とする軍事政権が、当初の約束どおりに選挙を実施すると、結局、農村の支持が厚いタクシン派が勝利してしまう。そこで、困った王政派は裁判所の判決を通じてタクシン派の政権を解体に追いやるなど、「司法クーデター」

ともいわれる手段で対抗した。

その後も、王政派と軍部、企業、それを支持するバンコクの人々（都市住民）と、農民を中心としたタクシン派を支持する「赤シャツ隊」ともいわれる人々との間で衝突が繰り返され、タイのみならず、関係の深い日本など外国経済にも深刻な打撃を与えた。

二〇一一年の選挙でタクシンの妹のインラック政権が誕生したが、二〇一四年五月に一九回目のクーデターが発生し、「平時の状態を取り戻し、政治、経済、社会構造の改革を実施するため」、陸軍、空軍、警察により構成される国家平和維持評議会が権力を握り、陸軍総司令官のプラユット大将が八月に国王により首相に任命された。いまでは、政治的な安定を求めるタイの国民の多数がこれを支持しているとされる。単に繰り返されるクーデターに慣れてしまっただけかもしれないが……。

また、エジプトでは、三〇年近く続いたムバラク大統領の独裁政権が「アラブの春」といわれる民主革命によって二〇一一年一月に崩壊した。最終的にムバラクを裏切って民衆の側についた軍部主導の暫定政権の後、二〇一二年六月の選挙で「ムスリム同胞団」出身のムルシ大統領が誕生する。

しかし、政策のイスラム色を強める一方で、経済や治安で失政が続くムルシに対して、反政府デモが拡大し混乱が広がり、二〇一三年七月、軍部がクーデターを起こしてムルシを解任した。その後、ムルシ政権で国防相であったシーシー陸軍元帥が大統領選挙で当選し、ムスリム同胞団を含む反体制派への激しい弾圧が行われている。それでも、「アラブの春」でムバラク政権を打倒した人々の多くは、欧米や日本の政府と同様、安定を求めて、シーシーを消極的ながらも支持している。

善と悪の決定できなさ

タイとエジプトの例が示すように、民主主義が「善」でクーデターが「悪」とは簡単には言い切れない。タイとエジプトで共通している点は、政治権力が腐敗し、政治家と企業家がつながって不正に国家の利権をむさぼる中で、国民は民主政治への不信を強める傾向にある一方で、政治に中立で清廉潔白とみなされる軍部に対しては、社会の安定をもたらす存在として信頼を置いていることである。それが、両国でクーデターが受け入れられる素地となっている。かといって、クーデターが民主主義の実現につながっているかというと、そうとはいえない。

日本においてもクーデターの歴史がある。一九三二年には五・一五事件、一九三六年には二・二六事件といずれも青年将校によるクーデター未遂が発生している。その背後には、世界恐慌後の経済・社会不安に対処できない政府や軍首脳部、産業界への民衆の不満があった。二つのクーデターは鎮圧されたものの、事件は政党政治の無力さを示すとともに軍部の発言力を強める結果となり、太平洋戦争へと続く軍国主義を拡大させて、日本を滅亡に追い込むことになってしまった。

しかし、貧しい東北出身者を含むクーデターに参加した将校や兵士は、不平等な社会と無能な政治家に幻滅し、自ら国家の改造を試みようとしたのであり、少なくとも動機は純粋であった。小説家の三島由紀夫は、『憂国』などの作品で二・二六事件の青年将校の純粋性を称賛している。

太平洋戦争後の日本では、その三島由紀夫による自衛隊へのクーデターの呼びかけと割腹自殺はあったものの、クーデターは未遂を含めて発生していない。しかし、現代の日本においては、低い投票率に示されるように政治への不信が強まっていることもたしかである。

民主主義の形式と実質

銀英伝で、シェーンコップは救国軍事会議にいまの権力者を一掃させ、その後「民主主義の回復者」として権力を握り、形式ではなく「独裁者として民主政治の実践面をまもる」ことをヤンに勧めたが、ヤンは「独裁者ヤン・ウェンリーか。どう考えても柄《がら》じゃないね」（第二巻、一二〇頁）と、拒絶している。ヤンのように問題を抱える民主政治の形式をそれでも守ろうとすることと、救国軍事会議のようにクーデターなど非合法的な手段による権力奪取を行ってでも政治の実質をよくしようとすることは、結局のところ、ヤンが思うように、人類の歴史で繰り返される「主観的な善と主観的な善とのあらそいであり、正義の信念と正義の信念との相克」（第二巻、二五一頁）のひとつなのかもしれない。

　クーデターの誘惑に惑わされないように、かといって政治家に丸投げしないように、われわれ自身が「主権者」であることを自覚して、政治を監視し、政治に参加し、政治を正していく姿勢を示すことが、難しいことではあるが、民主主義の逆説を避ける唯一の道といえよう。

（S）

※1　Marshall, Monty G., and Donna Ramsey Marshall, *Coup D'état Events, 1946-2017, Codebook*, Center for Systemic Peace, May 2, 2018

※2　Powell, Jonathan, and Clayton L. Thyne (2011) "Global instances of coups from 1950 to 2010: A new dataset," *Journal of Peace Research*, Vol.48, No.2

※3　エドワード・ルトワック（奥山真司監訳）『ルトワックの〝クーデター入門〟』芙蓉書房出版、二〇一八年、四二頁

「民衆のための専制」はありうるか

ヤンの苦悩から読み解く「民主主義」の意義

「ときに暴君が出現するからといって、強力な指導性をもつ政治の功を否定することはできまい」

もの思わしげな表情でヤンは相手を見かえした。

「私は否定できます」

「どのようにだ？」

「人民を害する権利は、人民自身にしかないからです」

（ラインハルトへのヤンの反論、第五巻、三三四頁）


民主主義とは、政治的な決定を誰か特定の者にゆだねるのではなく、民衆自身が意思を反映させ、その責任を負う政治である。

であるがゆえに、民主主義国家における政治家は多くの民衆と同じく凡庸であることを避けられない。投票により選ばれた者たちの周りには、利益や優越を求める人たちが群がり、腐敗と不正の温床が生まれる。

さらに民主主義は原理的に、意思決定のための長大な手続きや、各人の利害調整を避けることができない。そのため、シンガポールや中国などのような、しばしば強烈なトップダウンで急成長を遂げようとする開発独裁国家の後塵を拝することになる。まさに銀英伝の自由惑星同盟が、その民主主義体制の中に腐敗と不正がはびこり、度重なる意思決定と利害調整に失敗した結果、ラインハルト率いる専制国家・ローエングラム朝銀河帝国に敗れ去ってしまったように。

優れた統治者による専制政治が人民に恩恵をもたらすとき、それは平凡な民主政治よりも人民の幸福を実現しているのだろうか？

真の「民主的」な政治のあり方を、銀英伝のエピソードと政治学の理論の両面から考えてみよう。

「より民衆のための」政治？

宇宙暦七九九年（帝国暦四九〇年）意表をついてフェザーン回廊より同盟領に侵攻した帝国軍は、バーミリオン星域でヤン艦隊と会戦した（第五巻）。世にいうバーミリオン星域会戦の幕開けである。激闘の末、ヤンはラインハルトの旗艦ブリュンヒルトを射程に収めた。しかし、首都ハイネセンでミッターマイヤーに脅迫され、命を惜しんだ最高評議会議長トリューニヒトの命令に応じて、ヤンは停戦してしまう。このバーミリオン星域会戦の後、ヤンはラインハルトとの初めての会談に臨む。その際、ラインハルトはヤンに自らの臣下になるよう誘うが、ヤンは民主主義への忠誠を理由に断ることとなる。

ラインハルトは、ルドルフやトリューニヒトのような政治家を生み出した民主主義の欠点を指摘して、ヤンの忠誠の意義を疑った。それでもヤンは、人民が政治を他人まかせにする「専制政治の罪」を指摘し、政治が引き起こす害悪ですら人民自身が責任を負う、民主主義のあり方をむしろ強調し、あくまでもラインハルトの誘いを拒んだのである。

とはいえヤンも、会談の場でラインハルトを説得する気まではなかった。むしろヤンはその心中では、ラインハルトの施政者としての能力を高く評価していたのである。

バーミリオン会戦に先立つ一年前、ヤンは同盟政府の査問会にかけられている。前年に起こった救国軍事会議のクーデター事件の際に、ハイネセンを守る軍事衛星「アルテミスの首飾り」を破壊したことの責任を問われたのだ（第三巻）。しかしながら、この査問会は、自由惑星同盟の弱体化を狙ったフェザーンの陰謀によるものであり、非公式なものにすぎなかった。それでもイゼルローン要塞を後にしたヤンは、首都までの道中の三週間余りを、歴史論と国家論の著述にあてようとする。たとえば、そこにはこんな言葉がある――「吾々は、銀河帝国の新体制と共存しなければならない」（第三巻、一五五頁）

門閥貴族とのリップシュタット戦役に勝利し、帝国の実権を握ったラインハルトに対して、ヤンの胸中には自国政府に抱くような反感は湧いてこなかった。むしろヤンは、ラインハルト体制との共存を模索しはじめていた。

> ゴールデンバウム体制は、民主的に成立した政権がもっとも非民主的な施政をおこなった例であり、ローエングラム体制は、非民主的に成立した政権がすぐれて民主的な施政をおこないつつあるという例である。これは、〝民衆による〟政治ではないが、現在のところ、〝より民衆のための政治〟である。それを認めたとき、新体制との共存は、可能なだけでなく必然のものとなろう……（三巻、一六七－一六八頁）

いうまでもなく、銀河帝国の専制君主体制は民主主義とは相いれない。にもかかわらずヤンは、ラインハルトが築こうとする新体制に期待感を抱いたのである。

絶対的権力者が行う、民主的な施政……。たしかにラインハルトのローエングラム体制は、民衆のための政治を行いつつあった。ヤンはそれゆえ、自由惑星同盟がとる民衆による政治である民主主義体制と、帝国を共存させることは好ましいことであり、必然であるとさえ考えた。

はたしてヤンは、挫折した理想主義者なのか、あるいは壮大なビジョンを抱いた現実主義者なのか。彼の構想の是非を考えるには、現実世界における民主主義のあり方を考えてみる必要があるだろう。

民主主義とは何か?

第二次世界大戦でイギリスの首相としてナチスドイツと戦ったウィルストン・チャーチルは、戦後の一九四七年一一月、イギリス議会下院で有名な演説を行った。

「実際のところ、民主主義は最悪の政治形態といっていい。ただし、これまで歴史上、試されてきたそれ以外のあらゆる政治形態を除けば[※1]」

つまりチャーチルは、民主主義は「消去法」で残った政治体制にすぎないといったのだ。それでも民主主義は、第二次世界大戦後、日本を含む世界に広がっていった。現在の世界では、およそ七五の国々の人々が民主主義体制のもとで生活し、人口では世界の半数近くに達しているされる。[※2]

だが、ここでいう「民主主義」とはそもそも何だろうか。広く知られた定義としては、一八六三年一一月一九日にエイブラハム・リンカーンがアメリカ・ゲティスバーグで行った演説のあまりにも有名な一節、「人民の、人民による、人民のための政治」が挙げられるだろう。しかし、「人民のための政治」が具体的にどのような制度を伴うものかを、この言葉は明らかにはしていない。

著名な経済学者であり、政治学にも大きな貢献をなしたヨーゼフ・シュンペーターは、一九四二年の著書『資本主義・社会主義・民主主義』で、「競争的な選挙を通じて政治的リーダーを選ぶこと」を民主主義の最小限の条件とした。この定義に従うように、いまでは、複数の候補者や政党から、選挙を通じて為政者と政権を選ぶことが、民主主義の基本的かつ客観的な条件とされている。

経済学では「創造的破壊《イノベーション》」の概念で知られるシュンペーターは、政治では、選挙で候補者たちが競いあうことで優秀な人物が政治指導者に選ばれることを期待していた。ひとたび選挙の洗礼を受けて選ばれた優秀な政治家は、選挙後は有権者の意向に縛られることなくその能力を発揮するだろう、というわけだ。いささか楽

民主主義のさまざまな捉え方

人物	捉え方
古代ギリシャ人	市民全員の政治への参加
リンカーン	人民の、人民による、人民のための政治
チャーチル	消去法で残ったましな政治体制
シュンペーター	競争的な選挙を通じて政治的リーダーを選ぶこと
ダール	「公的異議申し立て」が十分に可能であり、選挙などを通じて民衆が政治に「参加」できること

天的にも聞こえるシュンペーターの民主主義概念は、しばしばエリート（選良）主義的な民主主義概念だと批判を受けてきた。

それでも、選挙という手続きを重視するシュンペーターの理論は、近代政治学における民主主義概念の主流となっていった。その後、アメリカの政治学者であるロバート・ダールは、シュンペーターの理論を批判的に発展させ、理想的な民主主義体制を二つの要素から規定した。ひとつは「公的異議申し立て」が可能な程度、もうひとつは選挙などを通じた政治への「参加」の範囲である。この両方が最大限実現された状態をダールは「ポリアーキー（あえて訳すと、多数支配）」と呼んだ。[※3] 冷戦下である一九八一年の著作『ポリアーキー』では、アメリカやイギリス、フランス、西ドイツ、日本など西側先進諸国でこの状態が実現しているとされている。この考え方は現在まで広く受け入れられているものといってよいだろう。

民主主義の誕生と死、そして復活？

しかし長い人類史で見れば、いまの民主主義の制度はつい最近、すなわち近代になって生まれたものにすぎない。

民主主義の理念自体は、いまから二〇〇〇年以上前の古代ギリシャ、都市国家（ポリス）で誕生した。女性や奴隷を除く市民全員が、広場に集まり議論し、ポリスの政策に直接関わった。

とはいえ、よいことばかりでもない。すでに当時から、民主政治が「デマゴーグ（扇動政治家）」による「衆愚政治」に堕落しかねないことも懸念されていた。塩野七生の『ギリシャ人の物語（I〜III）』ではその様子が描かれており、原初の民主主義のイメージを与えてくれる。

ポリスは紀元前四世紀には、マケドニアのアレキサンダー大王によって滅ぼされている。その後、イタリア半島のローマ共和国が勢力を拡大していくが、英雄カエサルによって共和制が廃され帝政になり、五賢帝によってローマ帝国は全盛期を迎えた。以降、ごく一部の例外を除けば、統治の仕組みとしての民主主義は長らく歴史から姿を消すことになる。ちなみに、古代ローマ帝国は、映画『スターウォーズ』の銀河帝国のモデルであり、銀英伝のゴールデンバウム王朝誕生のモチーフともなっている（どちらも共和制が内部から倒されて帝国となった）。

こうして一度は歴史からほとんど消えた民主主義だが、時とともに市民は専制君主や圧政への抵抗をはじめる。一七世紀イギリスでの市民革命、一八世紀のアメリカ独立、同時期のフランス革命を経て、民主主義はふたたび近代国家において蘇ることとなった。ただし、古代ギリシャのような人民全員が直接政治に参加する「直接民主主義」が戻ってきたわけではない。私たちがよく知っている、選挙で代議士を選ぶいわゆる「代表制民主主義（間接民主主義）」である。

代表制とはいえ、当初は一定の税金を収めた一部の人々にしか選挙権が与えられず、政治に反映される民意はごく一部のものであった。しかし産業革命以後、経済が発展し中産階級が成長すると、人々の政治参加への要求は強まり、次第に財産に関係なく参政権を与える「普通選挙」が導入されていく。ただし女性に参政権が与えられたのは、多くの国で第二次世界大戦後だった。

近代になって復活した民主主義は、多くの敵に囲まれていた。絶対王政を倒したフランス革命も、結局はナポレオン・ボナパルトという新たな専制君主を生んでしまい、欧州全体が戦乱に巻き込まれた。ただし、ナポレオンは人民の投票で皇帝となったことを忘れてはならない。この点、民衆の強い支持を背景に憲法を停止させ、ゴールデンバウム王朝の初代皇帝にまで上り詰めたルドルフ一世とも重なるところがある。

ナポレオン後の一九世紀の欧州では、まだまだ伝統的な専制君主の力は強かった。一九一四年にはじまる第一次世界大戦の敗北と人々の不満によって、ロシア帝国やドイツ帝国、オーストリア＝ハンガリー帝国、オスマン帝国がついに解体された。しかし、今度はムッソリーニのイタリアやヒトラーのナチスドイツ、軍国主義の日本によって民主主義は脅かされていく。ナチスドイツのヒトラーもまた、首相の座から合法的に憲法を停止し、独裁制を敷いた。こうして見ると、銀英伝における専制↔民主主義の間のシーソーゲームは、現実の歴史の中でたびたび繰り返されてきたことであり、作者・田中芳樹の歴史に対する深い洞察から導かれたダイナミズムであることが分かるだろう。

第一次世界大戦でも第二次世界大戦でも、イギリスやアメリカが戦争を行う大義名分は、専制政治や独裁政治、軍国主義から民主主義を守るためだとされた。こうして国民に「正義の」戦争へ参加を求める代わりに、庶民の政治参加や社会福祉が拡充されていった。皮肉にも、総力戦化する近代の戦争が、民主政治をさらに充実させたのである。新たな大国となったアメリカの力は強く、ドイツや日本は打ち破られ、第二次大戦は「民主主義の勝利」とされた。こうして、ドイツ（冷戦時代は西ドイツ）や日本といった敗れた国家は、アメリカの占領下で戦後民主化されていくことになる。

冷戦と銀英伝の世界

第二次世界大戦に勝利した欧米の民主主義諸国は、今度は、大戦では味方であったソビエト連邦から挑戦を受けた。共産党が指導する国家が政治と経済をすべて統制する社会主義体制を採用したソ連は、第二次世界大戦を通じて国力を強めていった。また、ソ連は、国民全員が共産党の指導の下で政治に参加する「人民民主主義」を名乗っていた。ただし実態は、共産党による独裁政治であり、国民の自由は制限された。それでも、社会主義の支持者は中国など世界に広がり、ソ連率いる社会主義陣営（あるいは東側陣営）は、アメリカやイギリスに挑戦していく。

対して、アメリカやイギリスなど西側先進国は、国民の政治と経済の自由を保証する自分たちの政治体制を「自由民主主義（体制）」と称し、「自由主義陣営」（あるいは、資本主義陣営、西側陣営）と呼ばれた。そして、先述のダールの「ポリアーキー」はこのような対立構図の中で生まれた概念だった。西側陣営のリーダーであるアメリカは、自由や民主主義を守るために、ソ連を中心とした社会主義陣営と、いわゆる「冷戦」を戦っていく。戦後日本も西側陣営の一員となったが、他方でアメリカは、ソ連に対抗するために、中東のサウジアラビアのような専制君主国家やフィリピンのマルコスのような独裁者でも、親米であれば支援し、その「二重基準《ダブルスタンダード》」が批判された。

ちなみに銀英伝本編（本伝）はこの冷戦の終わりの時期に刊行された作品である（一九八二〜八七年）。そのため、作品における自由民主主義国家と専制国家の対立は、自由民主主義国家がつねには善ではないという点も含めて、現実の冷戦を反映させた部分がある。この構図に基づけば、ソビエト連邦を中心とする東側陣営が銀河帝国、自由主義の国々による西側陣営が自由惑星同盟ということになるだろう。しかし、現実の歴史で勝利したのは銀英伝の歴史とは逆の陣営である（ただし、ラインハルトによって生まれ変わった銀河帝国であるが）

現実世界の冷戦は結局、自由市場経済で国の活力を維持したアメリカ率いる西側陣営が勝利する結果となった。日米欧の西側先進諸国の経済力の圧倒的優位の一方で、東側の社会主義経済は行き詰まり、東側諸国内でも自由化を求める運動が強まっていく。ソ連の指導者であったミハイル・ゴルバチョフが政治と経済の自由化をはじめたのをきっかけに、雪崩を打ったように東欧諸国は社会主義を捨てて民主化し、東西ドイツも統一され、世界の多くの国々が次々と自由民主主義体制を採用していった。

銀英伝の対立を冷戦に置き換えると

銀英伝	冷戦
銀河帝国 （専制国家）	ソビエト連邦・中国など （東側陣営）
自由惑星同盟 （自由民主主義国家）	日米欧など （西側陣営）

一九八〇年代からの相次ぐ民主化は世界的な現象となり、アメリカの政治学者サミュエル・ハンチントンはそれを「第三の波」と呼んだ。[※4] この自由民主主義の「勝利」によって、それに代わる政治体制のモデルは存在しえないという認識が広がっていく。著名なアメリカの政治学者であるフランシス・フクヤマは、自由民主主義こそが人類の政治の進歩の終着地点であり、理念的にはそれ以上に優れた政治体制はありえない状態、すなわち「歴史の終わり」に人類は到達したとさえ主張した。[※5]

実際、欧米諸国では「民主国家同士は戦争をしない」とする「デモクラティック・ピース理論」が広く支持され、「民主主義は経済発展をもたらす」というテーゼが広く信じられていた。冷戦の終結でそれは普遍的な真理とみなされ、民主化が発展途上国への国際援助の目標となり、むしろ民主化を目指すことを誓わないと途上国は経済援助を受けることが難しくなった。

「民主的」でない民主主義？

しかし、歴史は「自由民主主義の勝利」で終わることはなかった。二〇〇一年の九・一一同時多発テロに対する「対テロ戦争」の一環として、アメリカのブッシュ（ジュニア）政権は、自由民主主義をイスラム過激派の拠点であった中東にも広げることを試みた。欧米流の民主政治が移植されれば、人々の不満がテロ組織への賛同には向かうことはないだろうと考えたのである。戦争という非「民主的」な手段を通じてアフガニスタンやイラクに欧米流の民主主義を押し付けようとする試みは、しかし事実上失敗に終わる。イスラム主義と伝統的な部族社会が組み合わされる中東情勢は、現在のシリア内戦に象徴されるように、想像以上に複雑なものであった。

そもそも、中東に限らず多くの社会では、政治参加への意識の高さや寛容さといった民主主義の実践に必要な政治文化が醸成されておらず、多数の民族や宗派を抱えた社会では、性急な選挙の実施はむしろ社会の亀裂を深めて、内戦の勃発の引き金となりかねない。民主主義が根づくためには、仮に選挙で負けても、次のチャンスが平等にあるから結果を受け入れるという共通認識と、勝利した側が負けた側の意見にも、同じ国民としてある程度配慮するだろうという暗黙の「信頼」が不可欠である。しかし、長年内戦で互いに争ってきた社会や、特定の民族や宗派が差別を受けてきた社会では、そのような感情が育つのに時間がかかるのである。

また、今世紀になると、一党独裁体制の中国のように、政治には自由がなくとも経済の自由化を進め、経済成長が進む国が国際社会で目立つようになった。中国共産党は、中国のような広大で多数の民族から構成される社会では、一党体制の方がむしろ好ましいと主張し、九〇年代以降の経済成長をその実績として誇示する。

ソ連崩壊後低迷が続いたロシアでも、二〇〇〇年に大統領に就任したプーチンは、原油価格の高騰を背景に、「主権民主主義」と自称する強権的な政治によって社会の混乱を収拾した。対外的にも、ロシア系住民の多いウクライナのクリミア半島を併合（二〇一四年）するなど、強硬路線を遂行するようになっている。

シンガポールやマレーシアも、政治の自由を制約しつつ、国家主導での経済成長に成功し、特にシンガポールの場合、一人当たりのGDP（国内総生産）は日本をすでに上回っている。九〇年代には、当時のシンガポールのリー・クアンユー首相やマレーシアのマハティール首相は、個人の自由よりも国家の繁栄を優先する「アジア型民主主義」の方が、家族などの集団を大切にするアジア的な価値観には適合していると主張していた。

二〇〇八年のリーマンショックによって欧米の経済が減速する一方で、中国が素早い財政出動で比較的早い段階で立ち直り経済成長を継続すると、中国の経済発展のモデルが「中国モデル」あるいは「北京コンセンサス」として注目を集めるようになった。しかも、それを模倣しようとする国も現れている。

たとえばカンボジアは七〇年代のポルポト派による大虐殺と内戦の後、日本も自衛隊を派遣した国連の暫定統治によって一九九二年に自由民主主義の国家へと生まれ変わった。しかし、八〇年代から通算三〇年以上権力の座にいるフン・セン現首相は、国連の撤退後ライバルを政変で追い落とし、最近では野党や人権団体、メディアの活動を制約するなど、強権的な政治姿勢を強めている。

二〇一八年七月のカンボジア総選挙では、前回の総選挙で善戦した救国党（CNRP）が選挙戦に先立って解散させられた。そのような行為に対し欧米諸国は強く批判したが、フン・セン側は無視して総選挙を強行し、与党が全議席を独占した。そういった強権政治の一方で、中国からの工場移転などでカンボジアでは近年高い経済成長が続いており、フン・センは自らの政治運営に自信を深めている。

また、一九九〇年代に大虐殺を伴う民族紛争を経験したアフリカのルワンダでも、二〇〇〇年に大統領に就任したポール・カガメが長期政権を続けている。カガメ政権は国民の政治的自由を制限してでも政治の安定を優先し、IT産業育成に傾注し、教育にも力を入れて経済イノベーションの活性化を目指す、いわゆる「シンガポールモデル」を追求している。[※6]カガメは、二〇一八年五月の大統領選挙で約九九パーセントという圧倒的な得票率で再選された。

このような非民主的な政治モデルの拡散は途上国にとどまらない。かつて冷戦終結によって社会主義体制から西欧型の自由民主主義体制へと「民主化」されたハンガリーやポーランドでは、「非自由主義的」民主主義と称して、現政権が司法の独立や言論の自由を制約する動きを見せている。ドイツや、フランス、イタリア、オーストリアなど他の欧州諸国でも、移民・難民の排除や国家の自律性（非反EU）を求める、いわゆるポピュリスト勢力が躍進しつつある。トランプが二〇一六年の大統領選挙で選ばれたアメリカも、この流れにあることはいうまでもない。このような世界的な動きから、「民主主義の後退」が政治学では近年重要なキーワードになっている。※7

民主的だが「民主主義」ではない？

さて、民主主義へのヤンの問いに対する参照を現実の歴史に求め、やや遠回りになってしまったが、話はいよいよ核心に近づきつつある。

中国やロシアのように強権的な政治を続ける国では、表向きの支持率や得票率はあてにならない。かといって実際の国民の支持は低いのかというと、そういうわけでもない。実際の支持率は測りがたい面があるものの、経済成長と汚職対策強化（中国）、あるいは大国としての威信の回復（ロシア）によって、国民から一定の支持を得ているのも事実である。

統治のアプローチは非民主的だが、国民の支持の面ではそこそこに民主的なのだといえる。

むしろ最近では日本や欧米諸国の側で、民主政治への不信感や失望感が強まっている。ある世論調査では、民主的なルールで選ばれなくとも自分たちのことを考えてくれる強いリーダーを求める傾向が特に若者の間で見られる。たとえばアメリカでは、「自由選挙で指導者を選ぶことは民主主義にとって重要ではない」と答えたベビーブーマー世代は一四パーセントだったのに対し、八〇年代生まれは二六パーセントに達している。※8 これは世界的な傾向であり、日本国内でも「決断」できない政治への失望感が、安倍政権の長期化を支えている。アメリカでトランプが大統領に選ばれたのも、自分たちの苦境を理解しない金持ちエリートへの批判が背景にある。

中国の人々にとっても、自分たち民衆のことを考えて経済成長という果実を与えてくれる「赤い皇帝」こと習近平国家主席の方が、政党同士の足の引っ張り合いを続けて、肝心な政策の決定を「先送り」ばかりする民主国家の政治家よりも、中国を発展させるという意味で「民主的」だと思えるのかもしれない。

その意味で、ラインハルトのローエングラム体制を「〝民衆による〟政治ではないが、現在のところ、〝より民衆のための政治〟である」と評したヤンの言葉は、私たちの生きる現代社会が抱え込んでいる、民主主義をめぐるアポリア（難問）をも予見していたといえるだろう。つまり民主主義をめぐるヤンの苦悩は、そのまま現代を生きる私たちの苦悩なのである。だが、そうなると、改めて「民主的」とはどういう状態を指すのだろうか？

政治学では、政治のシステムをインプット（入力）からアウトプット（出力）までの連続した過程として考えてきた。「インプット」とは、民主国家では、主に選挙（投票）を通じて有権者が実現してほしい政策を要求することである。インプットされた有権者の意思は、選挙で選ばれた議員や大統領によって具体的な政策となり実行され、「アウトプット」になる。実施された政策は、国民や社会に影響を及ぼし、その効果を有権者は評価して、ふたたびインプットの過程に「フィードバック」される。

このような政治システムとしての国家（あるいは特定の政権）の正統性、つまり国民が支配を受け入れるかどうかは、有権者の意思が適切に政策に反映されているかという「インプットの側面」と、政策が社会の問題を実際に解決できているかという「アウトプットの側面」から引き出されてきた。すなわち、西側先進諸国は、自由で公正な選挙の実施によるインプットの正統性と、生み出された政策による経済発展や福祉の充実といったアウトプットの正統性の両方から、これまで支配の民主的正統性を確保してきた。

しかし、いまの先進諸国では、インプットの側面たる選挙についても、投票したい政党や政治家がおらず投票率も低下している。そのため、たとえば東日本大震災以降の反原発運動のように、むしろ街頭デモなど直接的な方法で、その意思を訴えざるを得なくなっている。

アウトプットの側面では、経済の自由化と民営化が進み貧富の差が広がって、非正規雇用が増え、中間層の実質的な所得は低下し、テロの脅威や難民の流入により安全が脅かされることで、政策への評価がますます下がりつつある。民主主義体制下のこうした困難は、銀英伝における自由惑星同盟内の形骸化した民主主義、民主政治の腐敗などを見ても、民主主義の宿命なのかもしれない。

対して、中国やロシアでは、たしかにインプットの側面では、有権者の言論の自由が制約され、野党の活動も抑圧されていて、自由で公正な選挙で政権が選ばれているとはいえない。しかし、中国では高い経済成長率が持続し、国民の生活が平均的に改善していることは間違いない。フン・セン政権のカンボジアや、ベトナム労働党の一党支配化にあるベトナムも同様である。ロシアでも、プーチンが権力を握ってから九〇年代の混乱は収まり、ロシア人が多数住むクリミア半島のウクライナからの奪取と併合など、「大国」ロシアの威厳が回復したよ

民主的／非民主的をめぐるアポリア

国	インプット	アウトプット
先進諸国など／自由惑星同盟	民主的	非民主的？
開発独裁国家など／ローエングラム朝	非民主的	民主的？

うに見える。かつて民族間で殺しあったルワンダでは、カガメ政権の下で、夜でも女性が一人で歩くことができるくらい治安が安定している。これらの国は、手続き的には非民主的であっても「国民のためになる政治」を行っているという意味で、アウトプットの側面から正統性を獲得しているといえるだろう。

そう考えると、むしろ中国モデルの方が、欧米の自由民主主義モデルより優れている点があるのかもしれない。急速なグローバル化が進むいまの世界では、政策の決定スピードが求められている。それにもかかわらず、日本を含めた民主主義国では、政策決定のスピードは遅く、決定される政策も政党間の妥協の産物となり、十分な成果を生まない。中国では、国を挙げた研究開発の努力によって、AIや電気自動車の開発などでイノベーションが進み、むしろ欧米や日本より先行しつつあるともいわれる。

では、中国やシンガポールのモデルのように、インプットの面が非民主的でも、アウトプットの面が民主的であれば本当にいいのだろうか？　銀英伝でいえば、優れた皇帝の即決で物事が進むラインハルトの治世の方が、人類にとって幸せなのだろうか。

それでも民主主義は腐敗を斥ける

しかし、ヤンは次のように考えて、民主主義を擁護する。

何百年かにひとり出現するかどうか、という英雄や偉人の権力を制限する不利益より、凡庸な人間に強大すぎる権力をもたせないようにする利益のほうがまさる。それが民主主義の原則である。（第三巻、二六五頁）

実際、ラインハルトのような民衆のために優れた政治を行う英雄は、歴史上には稀にしか登場せず、多くは伝説である。しかも、それが何代にもわたって続いた例はさらに少ない。大国だと、せいぜい古代ローマ帝国の五賢帝や、清王朝初期に三代にわたり安定した治世が続いた例くらいだろう。それならば、「自由惑星同盟のように、能力も徳性も平凡な多くの人々が、いがみあい、悩み、妥協と試行錯誤をくりかえしながら責任を分けあって遅々たる歩みをすすめていく」（第三巻、二六四頁）方が好ましい、とヤンは考える。

実際、民主主義を求める声はいまの世界でも根強い。マレーシアでは、かつて与党を率いて欧米流の民主主義を批判していたマハティールが、今度は現職のナジブ首相の汚職を批判して野党連合から出馬し当選、九二歳にして政権交代を実現させるという現象が起きている。経済発展の一方で権威主義的な政権が腐敗したために、このようなねじれが起きたと考えられる。

結局のところ、民主的でない政治体制には、長期的に見るといろいろな限界がある。たしかに、いまの中国では国を挙げて「トラもハエもたたく」という大掛かりな反汚職対策を行っている。しかし、そもそも野党や市民社会、メディアによる権力に対するチェックがない限り、構造的に汚職がなくなることはない。二〇一四年に汚職で逮捕された共産党元幹部の周永康は、親族全体で一・五兆円もの額を蓄財していたといわれる。しかも周の逮捕は国内での権力闘争の副産物といえるもので、習近平政権の周辺を含めたときの汚職の全容はいまだ不明である。もちろん民主主義ですべての汚職が払拭できるわけではない。日本でも汚職や不正疑惑は後を絶たない。それでも中国などと比べるとスケールははるかに小さいといえるだろう。

汚職・腐敗は結果的に経済成長の勢いを止めてしまうことも、さまざまな研究によって証明されている。中国は二〇年以上にわたり経済成長を続けているが、長い歴史の視点で見ると、その統治モデルの有効性を「証明できた」とはまだ断言できない。民主国家において国民が世論調査で政治に辛い評価をつけるのは、健全な批判精神の存在を示しているともいえるだろう。だからこそ、ヤンの没後、ユリアンはその意志を継いで、民主主義という種を帝国に残そうとしたのである。

それでもユリアンや彼の仲間たちは、民主主義をえらんだのだ。ラインハルト・フォン・ローエングラムのような数世紀にひとりの天才に全権をゆだねることなく、凡人の集団が試行錯誤をかさねながら、よりよい方法をさぐり、よりよい結果を産みだそうとする途《みち》を。（第一〇巻、三四四－三四五頁）

銀英伝の世界では自由惑星同盟は滅んでしまったが、それはラインハルトに敗れたからという以上に、民主主義国家である自由惑星同盟がかつての活力を失い、ヤンを使いこなせるような政治家を生み出せず、魅力を失って自滅したからである。

現実世界のわれわれも同じ間違いをしないように心がける必要があるだろう。すでに民主的な国に住む私たちが、民主主義をよりよく機能させることによって、世界の人々から憧れられるような国づくりを行うことがなによりも重要である。

戦後日本で民主主義が定着したのは、敗戦を経て連合国に民主化を押し付けられたからだ、という主張は正確ではない。敗戦に直面した日本人にとって、強大なアメリカの国力はその自由で健全な民主政治によってもたらされたように見えたのである。冷戦終結時に東欧諸国の人々が西側諸国に憧れ民主化を追い求めたのは、その自由と繁栄のためであった。それが最近、EUによる難民の「押し付け」や欧州経済の停滞で裏切られたように感じられたことが、一部の東欧諸国の政権の強権化を招いている。

私たちの自由民主主義をふたたび魅力的なものにするためには、まずはいまの民主制度を正しく機能させることが大事だ。

同時に、政治家や官僚に「政治をまかせる」のではなく、人々自らが当事者意識を持って政府をチェックしたり、ボランティアやNPOなどを通じて公共活動に参加したりと、「政治を引き受ける」姿勢も求められよう。それは、古代ギリシャで生まれた「人民による統治」という民主主義の原理を再確認することでもある。民主主義の未来は、銀英伝の次の文章にあるように、まさに民主国家に住む人民の手にゆだねられているのである。

> 銀河連邦《USG》の末期に、市民たちが政治に倦まなかったら。ただひとりの人間に、無制限の権力をあたえることがいかに危険であるか、彼らが気づいていたら。市民の権利より国家の権威が優先されるような政治体制が、どれほど多くの人を不幸にするか、過去の歴史から学びえていたら。人類は、よりすくない犠牲と負担で、より中庸と調和

をえた政治体制を、より早く実現しえたであろうに。〝政治なんておれたちに関係ないよ〟という一言は、それを発した者にたいする権利剥奪の宣告である。政治は、それを蔑視した者にたいして、かならず復讐するのだ。（第一〇巻、三四二頁）　(S)

※1　中西輝政監訳『チャーチル名言録』扶桑社、二〇一六、一一二頁
※2　EIU (2019) *Democracy Index 2018: Me too? Political participation, protest and democracy*, The Economist Intelligence Unit (EIU).
※3　ロバート・A・ダール（高畠通敏訳）『ポリアーキー』、三一書房、一九八一年
※4　サミュエル・ハンチントン（坪郷實・中道寿一・藪野祐三訳）『第三の波　二〇世紀後半の民主化』三嶺書房、一九九五年
※5　フランシス・フクヤマ（渡部昇一訳）『歴史の終わり（上）（下）』三笠書房、一九九二年
※6　時代の変化に国家が対応しながら発展を続けるシンガポールの例については、次を参照。ケント・カルダー（長谷川和弘訳）『シンガポール　スマートな都市、スマートな国家』中央公論新社、二〇一六年、五八〇頁
※7　川中豪編著『後退する民主主義　最良の政治制度とは何か』ミネルヴァ書房、二〇一六年
※8　Foa, Roberto Stefan, and Yascha Mounk (2017) "The Sings of Deconsolidation", *Journal of Democracy*, Vol.28, No.1, pp.5-15.

拠点さえ押さえれば勝てるのか

イゼルローン攻略の地政学

「イゼルローンをわが軍が占領すれば、帝国軍は侵攻のほとんど唯一のルートを断たれる。同盟のほうから逆侵攻などというばかなまねをしないかぎり、両軍は衝突したくともできなくなる。すくなくとも大規模にはね」

（シェーンコップ大佐にイゼルローン攻略の意図を訊ねられてのヤンの返答、第一巻、一八三頁）

ある特定の場所を手に入れることができれば、すべてを支配できる。

そんな夢のような発想は、普段の生活でも珍しくない。かわいいあの子を彼女にできれば世界を手に入れたも同然……かどうかはさておき、「特別な何かさえ手に入れれば」という思考パターンは、かなりありふれている。政治や安全保障の領域においても同様である。「チョークポイント」「争地」「管制高地」など、これまでもさまざまな概念が提唱されてきた。

銀英伝におけるイゼルローン要塞は、比類なき重要拠点である。難攻不落であるととももに、この拠点ひとつを支配するだけで戦争全体を左右できる。その難攻不落の要塞を、わずかな兵力でヤンは攻略した。力攻めだけが戦術ではないし、正面の兵力だけで戦局を占うことはできないのだ。

銀英伝の読者にとって、重要拠点といえば条件反射でイゼルローン要塞と答えてしまうだろう。しかし歴史上の有力な拠点と比べると、イゼルローン要塞は特異すぎて、題材としては実はあまり適切ではない。

ここでは、拠点を占拠することの意味と限界を、史実との対照で考えてみよう。

軍事拠点をめぐる攻防

銀英伝の戦争は長い。一五〇年以上も続いているという。だが戦争が長いからといって、ありとあらゆる場所で戦闘が行われているわけではなく、まして普通の人々が暮らす日常空間で銃弾が飛び交うわけではない。戦いの多くはごくごく限られた場所、人々の住む惑星から遠く離れた宇宙空間で行われている。

その広大な宇宙空間の中でも、戦争はごく限られた宙域でのみ起こる。それがイゼルローン回廊とその周辺である。帝国と同盟の間には、航行不能な宙域が広がっているとされており、航行可能なルートは、フェザーン回廊を除けばイゼルローン回廊のみだ。つまり、同盟と帝国とをつなぐ唯一のルートとその周辺だけが戦場となっていた。

このイゼルローン回廊に、帝国軍が要塞を築いたのが、宇宙暦七六七年（帝国暦四五八年）である。設定を踏まえていえば、銀英伝本編の約三〇年前に造られたのがイゼルローン要塞なのである。本編でも詳しく書かれているわけではないので誤解しがちだが、イゼルローン要塞は、たかだか築三〇年の代物である。築四〇年のアパートに住む筆者から見れば「築浅」である。

とはいえ、本編における前振りは大仰である。「イゼルローン回廊は叛徒どもの屍で舗装されたり」との壮語は、銀英伝の世界の人々に共有されていたとされているが、まるで太古の昔からこの要塞が存在したかのようだ。もちろんこの要塞の価値は、新しいという点にではなく、空前絶後の兵器の威力にある。その兵器が、「雷神の鎚《トゥールハンマー》」と呼ばれる巨大なレーザー砲である。このトゥールハンマーは一撃で、数千隻の艦艇を破壊することが可能だ。

過去三〇年の間に、同盟軍は六回、このイゼルローン要塞に攻め込んだ。だがそのたびに、帝国軍に撃退された。第五次イゼルローン攻略戦に際して、当時の宇宙艦隊司令長官であったシドニー・シトレ大将は、退却する帝国軍を並行追撃し、要塞に肉薄した。帝国軍は最大の武器であるトゥールハンマーで同盟軍をなぎ払いたいが、できない。なぜならトゥールハンマーを使えば、味方の艦隊までなぎ払ってしまうからだ。しかし、結果として帝国軍の指揮官は、味方もろとも同盟軍を攻撃するという決断（暴挙？）を行い、同盟軍を撃退した。すなわち、味方もろとも、トゥールハンマーでなぎ倒すという手段で迎撃に成功したのであった。

ともあれ、詳しい説明のない攻略戦も多いが、ヤン・ウェンリー以前は、イゼルローン要塞攻略は力攻めで試みられ、あえなく失敗してきたのである。

そしてヤン・ウェンリーが、史上初の攻略に成功する。ヤンは、これまでのように正面から要塞を攻撃はしなかった。まずヤンは、帝国軍の通信網を混乱させたうえで、偽の情報で帝国艦隊をおびき出し、その間に帝国軍に偽装した陸戦隊を要塞内部に潜り込ませ制圧、さらに戻ってきた帝国艦隊をトゥールハンマーで撃滅したのだった。

重要な点は、ヤンは攻略に際して、艦隊兵力を使用していないことである。敵は艦隊でもって攻めてくる（はずだ）、という当たり前を逆手にとったのであった。つまりヤンは、正面からの力攻めではなく、策謀を用いて内側から脆弱な要素を突いたのであった。

この戦術は見事であり、興味深い。少数の兵力で多数を撃ち破るのは普通ではないとヤン自身が強調しているが、実際には少数で多数を破ったに等しい。戦国時代の有名な軍師、竹中半兵衛が少数の手勢で稲葉山城（岐阜城）を「乗っ取った」との伝説もあるが、思いもかけない方法で攻撃する事例は、歴史上も数多い。テロもそうだろう。九・一一テロ事件は民間機乗っ取りでの特攻という思いもかけない手段で行われたが、ハイジャックが頻発した一九七〇年代まで、多くの国で空港の保安検査は行われていなかった。日本では一九七〇年に「よど号ハイジャック事件」が起き、一九七三年になりようやく空港での保安検査が導入されたのである。[※1] テロに限らず、戦術で利用できる隙は、そこかしこに落ちているのかもしれない。

だが、この章で注目したいのはヤンの戦術ではない。注目したいのは、イゼルローン要塞のように、一箇所を制圧すれば「侵攻の唯一のルートを断たれる」というような重要な拠点である。こういった要塞を、もしくは地域を支配することを、どう考えるべきだろうか？　特定の地域を支配すれば、本当に世界を支配できるのだろうか？

海上の「点」と地政学

たしかに、重要な拠点を支配することは、広大な領域を支配するために有効である。その実例のひとつは、大英帝国である。イギリスは、広大な領土を支配するために、世界各地の領土をつなぐ中継点を支配する戦略をとったとされる。

実際大英帝国は、北米やアフリカにおける南アやエジプト、インドやオーストラリアといった広大な領土を支配した帝国というイメージも強いが、そもそもは小さな拠点を世界各地に獲得するという戦略をとっていた。

まずヨーロッパの地図にある地中海、その入り口のジブラルタル、マルタ、クレタ、こういった「点」は、イギリスの領土であった。また地中海とインド洋をつなぐスエズ運河は、一九五五年までイギリスの支配下にあった。

次に南北アメリカを見てみよう。カリブ海にはトリニダード・トバゴやジャマイカなどの島嶼《とうしょ》、そして南アメリカにはフォークランドが存在する。南アメリカからアフリカ大陸に向かう洋上には、ナポレオンが流刑となったセントヘレナ島があり、そして南アフリカにはケープタウンがある。アフリカを越えてインド洋に出ると、その中心付近にディエゴ・ガルシア島がある。この島はイギリス領だが、現在は島全体がアメリカに貸与され重要な米軍基地となっており、米軍のアフガニスタン攻撃などで中心的な役割を果たした。さらにアジアには、シンガポールや香港が存在する。イギリスの海外政策は、なにより点を支配することに重点を置いていたのである。世界史で習う3C（カイロ、ケープタウン、コルカタ）政策などは、その典型だろう。

なぜ点の支配が重要であったのか。それは英国の富の源泉が海洋貿易にあり、海洋貿易の安全はシーレーンの確保にあり、シーレーンを確保するには強力な海軍と重要拠点の支配が必要だったからだ。強力な海軍は敵対する海軍を圧倒することができるし、敵対国の交易船を拿捕《だほ》することも可能にする。

たしかに貿易に依存する国家は海上を封鎖されれば干上がってしまうかもしれない。しかし、一八〇六年にナポレオンが有名な「大陸封鎖令」を出して失敗した。それはなにより、イギリスが封鎖を打ち破る強大な海軍と重要拠点を抑えていたからであった。イギリスは点の支配により、広大な海洋と領土を支配していたのである。

大航海時代には、海洋進出で先行していたスペインとポルトガルも、はじめはケープタウン、ゴア、マカオといった点の支配であったし、後発国であるイギリスやオランダも、長い期間にわたって重要な点を支配することで、その後の広大な植民地獲得に成功したといえる。

この点をつなぐ海洋戦略を論じたのが、『海上権力史論』を執筆したアルフレッド・マハン[※2]である。マハンは過去の戦役を研究し、勝者がつねに制海権を有していたと語る。この制海権を維持するために必要であったのが、世界各地の海軍根拠地であった。その存在が海軍の世界展開を可能にし、制海権の維持をも可能にした。そしてマハンは、一九世紀のイギリス海軍によるパクス・ブリタニカと呼ばれる平和の実現を、戦略理論として説明したのであった。

だが、銀英伝の世界のイゼルローン要塞は、大英帝国にとってのジブラルタルやシンガポールである、ということはできない。大英帝国の戦略もマハンの主張も、世界各地に多くの根拠地を設けることであって、イゼルローン要塞のような、ただひとつの要塞を支配すればよいという主張ではなかった。

しかし、ただひとつの地域を支配するだけで、世界を支配できると主張した人物もいる。マハンと時代がかさなるイギリスの地理学者ハルフォード・マッキンダーである。彼が唱えた「ハートランド理論」は、地理による決定論を唱えていた。すなわち「東欧を支配する者はハートランドを制し、ハートランドを支配するものは世界島（ワールド・アイランド）を制し、世界島を支配するものは世界を制する」[※3]というのである。

ハートランドは、ロシアのヨーロッパ側地域だと思ってよい。このモスクワ近辺のヨーロッパ・ロシアを支配する者が、世界を支配するという理論であった。なぜならロシアの後ろには、国家が存在しない――厳密にいえば、後背には脅威がなく北極とシベリアの荒れ地が広がるだけなので、ヨーロッパ側だけに兵力を集中できるからである。実際には中国や日本などが後背に存在したのだが、彼らの皮膚感覚として、「世界」とはヨーロッパに絞られ、ロシアは世界の端に位置していたといってもよい。

戦略シミュレーションゲームで遊んだことがある人なら、「端っこ」の有利さを知っているだろう。端っこの国は直接国境を接する国が少なく、立ち向かうべき敵は限定された方面にのみ存在するからだ。

しかしこの当時、マッキンダーが考えた脅威は、ロシアではない。マッキンダーはイギリス人だが、第一次世界大戦前、想定していた脅威はドイツ帝国であった。マッキンダーの時代のドイツは、統一直後だが発展著しく、イギリスではドイツ脅威論がはびこっていた。だから、ドイツをいかに封じ込めるかがイギリスの目下の課題だったのである。

そのドイツはヨーロッパの真ん中に位置し、フランスとロシアに挟まれている。ドイツは西にも東にも兵力を分散させる必要があるが、仮にロシアがドイツの味方になったり、もしくはドイツに支配されることになれば、どうなるだろうか。ロシアの後ろには、当時の認識でいえば、何もない。するとドイツはフランス方面にのみ、兵力を集中することができる。当時のドイツは、フランスとオーストリアを破った最強の陸軍を擁していた。ドイツ帝国がロシアを支配下におさめ、西欧に対抗するという悪夢、それを阻止すべきという認識があったものと考えられる。

マッキンダーは、このハートランドの支配者に対抗するため、海洋諸国の連携と対抗を

新　刊

人喰い　ロックフェラー失踪事件

カール・ホフマン 著／奥野克巳 監修・解説／古屋美登里 訳　四六判／436P

「人喰い」（カニバリズム）とは一体何なのか。マイケルはなぜ喰われたのか。全米を揺るがした未解決事件の真相に迫り、人類最大のタブーに挑む衝撃のノンフィクション！

2,500円＋税

たぐい　vol.1

奥野克巳／上妻世海／石倉敏明 ほか著　A5判／164P

人間を超えて、多−種の領野へ。種を横断して人間を描き出そうとする「マルチスピーシーズ人類学」の挑戦的試みを伝えるシリーズ、創刊。

1,400円＋税

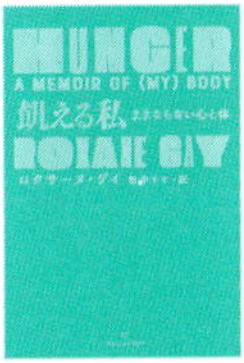

飢える私　ままならない心と体

ロクサーヌ・ゲイ 著／野中モモ 訳　四六判／288P

あの日の私を守るために食べてしまう。そんな自分を愛したいけど、愛せない。少女時代から作家になっても続く苦悩と辛酸の日々。『バッドフェミニスト』で名高い新世代フェミニズム運動の旗手が、自らの痛ましい過去を告白。1,900円＋税

動物園から未来を変える

ニューヨーク・ブロンクス動物園の展示デザイン

川端裕人／本田公夫 著　A5判／280P

革新的な展示を数多く世に送り出し、世界の動物園のお手本と評されるニューヨークのブロンクス動物園。その展示グラフィックス部門を牽引する日本人デザイナー・本田公夫に作家の川端裕人が聞く。

2,000円＋税

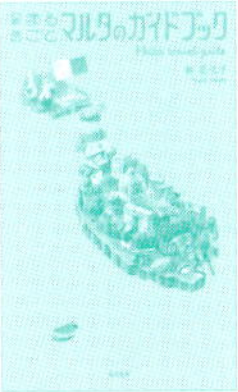

【新版】まるごとマルタのガイドブック

林花代子 著　A5判変型／180P

バカンスや語学留学先として、近年日本でも大きな注目を集めているマルタ共和国。これからマルタを訪れる人に役立つ情報が満載のマルタガイド。現地取材にもとづく最新情報を加えた新版が登場。

1,800円＋税

提唱した。このマッキンダーの理論は、のちに地政学と呼ばれることになった。

なおイギリスの認識の逆バージョンを、ドイツも自覚していた。フランスは敵である。ロシアも敵になるかもしれない。すると二つの方面に兵力が分散されてしまい、袋叩きになる恐れがある。従って、来るべき第一次世界大戦に備えてドイツの参謀長シュリーフェンが考案したプランは、二つの方面のうち、まずフランス方面に兵力を集中するというものだった。ひとたび戦争が勃発すればまずフランスを圧倒的兵力でたたき、次にロシアをたたくという戦略であった。

チョークポイントをめぐる緊張

現代における重要地点のうち、イゼルローン回廊に類似しているのが、海峡などのチョークポイント（choke point）である。「（首根っこのように）締め上げれば窒息させられそうな箇所」を意味するチョークポイントは、つまり交通の要衝のことである。

日本近海においても対馬海峡、宗谷海峡、津軽海峡などが挙げられるが、ここでは世界的に重要なチョークポイントとして、アメリカエネルギー情報局（ＥＩＡ）が挙げる八つ[※4]にも含まれる、マラッカ海峡、ホルムズ海峡、スエズ運河に言及しておこう。

マレーシアとインドネシアの間にあるマラッカ海峡は、「世界貿易量の約半分、世界の石油供給量の約三分の一が通過する海上交通の要衝」であり、「日本の生命線」とも呼ばれている。[※5] だがこのマラッカ海峡は、日本だけでなく、潜在的対抗国である中国にとっても重要だ。

経済成長に伴って、中国のマラッカ海峡への依存度は高まるが、それはマラッカ海峡が封鎖された場合、中国が被る打撃がますます大きくなることをも意味している。しかし、マラッカ海峡は中国の勢力圏ではない。つまり、経済成長するほど、他国の支配下にあるマラッカ海峡に依存することになり、他国に中国の首根っこ（チョークポイント）をつかまれてしまうのである。地政学の世界ではこれを「マラッカ・ディレンマ」と呼ぶ。そして、このディレンマ解消のため、中国は南シナ海やインド洋への進出を加速し、各国との対立を引き起こしているのである。

次にホルムズ海峡を見てみよう。ホルムズ海峡は、ペルシャ湾の出口にあたる海峡であり、世界の海上輸送される石油の三割、日本に輸出される石油の八割が通過するチョークポイントである。同時に、周辺国の対立により、海峡が封鎖されるという地政学的リスクが高い地域であり、世界の関心が強い。

実際に、イラン・イラク戦争の際は数多くのタンカーが被害を受けたうえに、タンカー護衛のために派遣された米軍とイラン軍が事実上交戦したこともあった。最近でも、制裁に反発するイラン軍の高官が海峡封鎖をほのめかすなど、緊迫する局面は多い。日本でも、「ホルムズ海峡での機雷敷設を契機として状況によっては存立危機事態に該当する場合もあり得る」[※6]と総理大臣が答弁している。

最後にスエズ運河をみるが、ここはかつて実際に封鎖されたことがあった。一九六七年にはじまった第三次中東戦争において、スエズ運河は、エジプト軍とイスラエル軍が対峙する最前線となり、通行不能となった。その結果、スエズ運河内に「黄色い艦隊」と呼ばれる船舶一四隻が取り残され、六七年から七五年まで放置されることとなった。

現代においては、このスエズ運河から紅海とバブ・エル・マンデブ海峡を抜けた先も重要である。そこはソマリアとアラビア半島に挟まれたアデン湾という海域である。このアデン湾は、ソマリアの海賊によって脅威にさらされていた。最近は下火になったが、二〇〇五年から一〇年頃にかけて多数の船舶が襲撃された。

現在のアデン湾は、日本を含めた各国の海軍が部隊を派遣して、警備にあたっている。スエズ運河からアデン湾にかけての細長い海域は、どこか一箇所で問題が生じたら、ただちに通過が困難となり、世界経済に多大な影響を与えることになるからである。

チョークポイントの成立条件

イゼルローン回廊もまた、チョークポイントだといえる。しかし、イゼルローン回廊は、かなり特殊なチョークポイントである。というのも、宇宙は広大なのに、イゼルローン回廊とフェザーン回廊を通ってしか、同盟と帝国は往来できないのだから。

正直にいえば、私はこの「航行不能」というアイデアが腑に落ちないのだ。というのも、地球表面の海洋ですら迂回できるのに、あらゆる方向に航行可能なはずの宇宙空間でチョークポイントが成立するというのは、三次元空間をわざわざ二次元の地図に落としてとらえているとしか思えないからだ。

実際には、宇宙にはそれほど航行不能な宙域が存在しない。銀河中心部には、無数の恒星や巨大ブラックホールが存在する「バルジ」と呼ばれる部分があるが、そこを挟んで帝国と同盟が対峙しているのであれば、こうしたルートの限定は理解できなくもない。しかし、帝国領とされる地球と太陽系は、銀河系のオリオン腕の外延部に位置しているのである。オーディンからイゼルローンまでの距離は六二五〇光年とあるが、これはオリオン腕の隣にあるペルセウス腕（約六五〇〇光年）くらいの距離であり、少なくとも、バルジを挟んで、帝国と同盟が対峙しているという状況は考えられない。

また、そもそも銀河系は薄い円盤であり、太陽系付近でその厚みは一〇〇〇光年にも満たない。そうすると、銀英伝の世界はワープ航法が可能とされているため、実は銀河系の外側から互いの領域に到達することは可能なのではないか。とはいえ、恒星系はすさまじい速さで銀河系を移動している。少しの計算違いが、とんでもない場所に飛び出てしまうという恐れはあるのかもしれない。しかし、おそらくそういった事態に陥っても、光学観測と計算によって現在地を正しく算出し、目的地を再計算することも可能ではなかろうか。でなければ、自国の宙域内でもワープによって迷子になるケースが多発してしまうからである。現代の船舶も、数々の航法によって自分の位置を把握している。

ともあれ、ありうるはずの航行の可能性がすべて制限されていなければ、イゼルローン回廊という特異点は存在しえない。無数に存在するはずの選択肢を制限しなければ、銀英伝の閉じられた空間は成立しえないのである。

もっとも、このことは銀英伝の作者の田中芳樹自身もよくわかっていたことだろう。たとえば、田中はある対談の中で、銀英伝の陣形の立て方について質問された際に、中国のものやナポレオン、アレキサンダー大王の戦闘などの資料をたくさん見たが、「やっぱり基本になる陣形はどうしても平面的」になってしまうといいながら、「何とか似た状況を作らなきゃってんで、イゼルローン回廊とかね、ああいうのをでっちあげるわけです（笑）」

と答えている。そして回廊については、宇宙の通行不能な部分を通り抜けられる「トンネル」くらいのだいたいのイメージでやっていたところ、「科学的にああいうのができるはずがない」という意見をもらったとも述べている。[※7] このように、田中は無数に存在する可能性をあえて制限しているわけだが、そうした確信犯的なフィクションによって、銀英伝の戦いが魅力的なものとなっていることもまたたしかだろう。小説的な嘘とはこのようなものである。

銀英伝の世界とは逆に、現実の世界は、抜け道だらけである。中国の万里の長城は、線でもって異民族の侵入を防ごうとしたわけだが、長城は非常に長距離で、すべてを守り通すことは困難であった。また長城の建設は多大な労力を必要とし、同時代に近い司馬遷も、「まことに民の労苦を顧みないもの」だと手厳しく批判している。[※8] 労苦を顧みずに作り上げた長城が、抜け道によって、無用の長物だったということなら、目も当てられない。

より現代に近い事例を挙げると、マジノ要塞線がある。マジノ要塞線は、フランスが第二次世界大戦の前にドイツの侵略に備えて、ドイツ国境にそって構築した要塞を連ねたものである。フランスとドイツの国境数百キロにわたり、要塞が連なっているのである。莫大な費用を投じたため、戦車など他の兵器の開発や配備を遅れさせもした巨大な要塞線は、しかしながら一九四〇年、ドイツ軍によって簡単に突破されてしまった。というのも、ドイツとフランスの間には、他にも通行可能なルートが存在するからであった。

たとえば、第一次世界大戦のときもドイツは、防御の厚い独仏の国境地帯を避け、ベルギーを経由してフランスに攻め込んだ。独仏国境が封鎖されても、ドイツはベルギーからフランスに侵攻できるのである。第二次世界大戦の際のマジノ要塞線は、ベルギーの国境には構築されなかった。かわりにフランスは、侵攻してくるドイツ軍をベルギーで迎え撃つという戦略を立てたのであった。これはいうなれば、友好国ベルギーを戦場にしてフランスを守るという戦略でもあった。そのため、あえて通行可能なルートを残したのであった。


第二次世界大戦がはじまり、しばらくはにらみ合うだけの「奇妙な戦争《フォニー・ウォー》」と呼ばれる状態が続いたが、一九四〇年五月、突如ドイツ軍がベルギーに侵攻する。これを予期していたフランス軍とイギリス軍は、その主力をベルギーに移動する。ベルギーでドイツ軍主力を迎え撃つためであった。

しかし、実はこれはドイツが仕掛けた欺瞞

マジノ要塞線を前にした連合軍の兵士

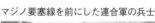

作戦であった。ドイツ軍は、ベルギーとマジノ線にフランス軍をくぎ付けにしたうえで、その中間にあり、通行不能といわれていたアルデンヌの森を突破し、フランス軍主力とマジノ線の後方にまわったのであった。つまり、マジノ要塞線とベルギーにいるフランス軍主力の間を、当時通行不能と思われていたこのアルデンヌの森を介して、ドイツ軍は通り抜けたのであった。ドイツ軍はフランス軍の補給線を断つとともに、後背を襲い、そしてフランス軍は崩壊した。そもそも思慮の外に置かれたルートをドイツ軍はとったのであった。

ラインハルトによるフェザーン侵攻も、思慮の外にあるルートということで、このアルデンヌの森の突破を想起させる。

奇をもって勝つ

さて、見てきたように現実の地球表面の方が、どういうわけか銀英伝の世界よりもはるかに戦術とルートの多様性が確保されている。銀英伝の世界の限定された空間では、帝国軍の固定化した考え方がさらに戦術を狭くし、ヤン・ウェンリーにつけ込まれる余地を生んでしまったのである。

イゼルローン攻略は、まさに孫子の「正をもって向かい、奇をもって勝つ」の好例であったといえる。おそらく銀英伝の戦争では、正面から艦隊同士が砲撃しあうという戦い方が当たり前なのだろう。だからこそ、ヤンの奇策が通用したともいえる。敵はいつでも正面から攻めてくるとは限らないのである。

その意味で、現代の世界も多くの盲点を抱え、日本も数多くの脆弱性を抱えている。たとえば周辺国と戦争になり、原発の警備を強化したとしよう。しかし、原発ではなく周辺の施設がまず攻撃され、兵力が分散したところで、あらためて重要施設への攻撃が行われるかもしれない。北朝鮮の核ミサイル開発が問題視されているが、核は本当に飛ぶかわからないミサイルに搭載するではなく、日本に漂着するような漁船に積んであるかもしれない。そうだとしても原発テロが起こるという噂に引っ張られ、自衛隊も国民や政治家の世論に流され、兵力を分散させざるを得なくなるかもしれない。

ヤン・ウェンリーが敵軍にいないことを祈るばかりである。

結局のところ、現代世界にはイゼルローン要塞のような、一つを支配すればすべてを支配できる重要拠点は存在しない。たしかに拠点は重要だが、拠点にすべてを依存するような戦略は危険である。なにより、マジノ線のように、単なる無駄な浪費となってしまう可能性がある。

イゼルローン要塞の建設費用は明示されていないが、とてつもない費用がかかっていることは間違いないだろう。三〇年間は帝国軍のものだったとはいえ、敵軍に奪われてしまえば、十分に減価償却ができたなどと満足はできないだろう。

巨大な要塞のようなハードウェアへの依存は、現実では危険なのである。　(O)

※1　「昔はお客様への保安検査や、受託手荷物の保安検査をしていなかったことをみなさんはご存知ですか？／他の交通機関同様、保安検査を全くやっていなかった時代もありました。／1970年代から航空機を乗っ取ることを目的としたハイジャック事件が世界各国で起こるようになりました。それに対応して航空機へ乗る際に保安検査を実施するようになりました（……）しかし1980年代に入ると今度はハイジャックではなく、受託手荷物に爆発物を仕掛けるテロにシフトしていきました。／ここでも航空業界は敏感に反応し、今までは航空会社の判断で受託手荷物の検査を実施していましたが、この頃を境に、受託手荷物の全数検査が始まりました」成田国際空港「すべてはお客様の安全のために」(https://www.narita-airport.jp/jp/security/concept/) より

※2　アルフレッド・T・マハン（北村謙一訳）『海上権力史論』原書房、一九八二年

※3　ハルフォード・ジョン・マッキンダー（曽村保信訳）『マッキンダーの地政学　デモクラシーの理想と現実』原書房、二〇〇八年、一七七頁

※4　EIA "World Oil Transit Chokepoints" (https://www.eia.gov/beta/international/analys

is_includes/special_topics/World_Oil_Transit_Chokepoints/wotc.pdf）では、ホルムズ海峡、マラッカ海峡、スエズ運河およびスメド・パイプライン、バブ・エル・マンデブ海峡、デンマーク海峡、トルコ海峡、パナマ運河、喜望峰が、国際エネルギー保障のチョークポイントとして挙げられている

※5　「〝日本の生命線〟マラッカ・シンガポール海峡の安全航行を守る」日本財団ホームページ（https://www.nippon-foundation.or.jp/what/spotlight/ocean_outlook/story4/index.html）。二〇一九年六月現在、リンク切れとなっている

※6　参議院平和安全法制特別委員会（平成二七年七月二八日）での総理大臣答弁

※7　らいとすたっふ編『「銀河英雄伝説」読本』徳間書店、一九九七年、一九二頁所収の藤田和日郎との対談

※8　司馬遷（小川環樹・今鷹真・福島吉彦訳）『史記　列伝二』岩波文庫、一九七五年、一五九頁

必勝の「兵法」は存在するか

アスターテ会戦に見る戦略／戦術論

「多数の兵力を用意したにもかかわらず、その利点を生かすべき努力を怠ったのです。兵力の多さに安心してしまったのでしょう」

「というと？」

「ボタン戦争と称された一時代、レーダーと電子工学《エレクトロニクス》が奇形的に発達していた一時代をのぞいて、戦場における用兵にはつねに一定の法則がありました。兵力を集中すること、その兵力を高速で移動させること、この両者です。これを要約すればただ一言、〝むだな兵力をつくるな〟です」

（シトレ元帥にアスターテ会戦の敗因を尋ねられてのヤンの返答、第一巻、一六五頁）

銀英伝を通じて、戦略や戦術に関心を抱いた人も多いだろう。

かくいう私もその一人だ。銀英伝を読み興味を持ち、戦術関係の書籍を読み込み、再び銀英伝を読んで理解した気になった。

用兵の原則は、たしかに存在する。たとえば孫子の兵法は、多くの人々が最初に勉強する用兵の原則だろう。また各国の軍隊で教育される「戦いの原則」も有名だ。目標を統一する、攻勢で主導権を握る、兵力を集中する、機動力を発揮する、効率よく戦力を投入する、指揮系統を統一する、敵の奇襲を警戒する一方でこちらは奇襲を仕掛ける、命令は簡潔に、といった原則である。

こういった原則はシンプルで覚えやすい。しかし、これらは抽象的であり、いくらでもこじつけが可能でもある。また、用兵を深く学べば戦いに勝てるのか、というとそうでもない。銀英伝に登場する、戦略や戦術をきちんと学んだ一流の将帥ですら、ヤン・ウェンリーの前に数多く敗れ去ったのであるから。

なお、そのヤン・ウェンリーは、自身の名前を冠した戦術本の氾濫に辟易していたようである。

ハイネセンをはじめとする星々では、『ヤン・ウェンリーに見るリーダーシップの研究』だの、『戦略的発想と戦術的発想――ヤン・ウェンリー四つの戦い』だの、『現代人材論Ⅲヤン・ウェンリー』だのといった軽薄な題名と無責任な内容の本やビデオがいくつも出版されているありさまだ。（第二巻、一六五頁）

この章ではまずはアスターテ会戦を振り返り、次に現代における戦略や戦術の原則をいくつかピックアップするとともに、最後にこういう本を活用する際の注意事項を述べてみる。

ヤンとラインハルト、運命の初戦

銀英伝の世界の会戦は、その機動戦術によって、立体感を増している。まるで、軍隊の機動力こそが勝敗を決する要素なのだ、とでもいうように。

その中でも、本編での最初の戦いとなるアスターテ会戦は、読者を引き込む「つかみ」であるがゆえに、最も面白い戦いといってもよいだろう。

このアスターテ会戦は、宇宙暦七九六年（帝国暦四八七年）に行われた、ラインハルトとヤン・ウェンリーの最初の直接対決である。銀河帝国軍のラインハルト上級大将率いる二万隻の艦隊が同盟領に侵入し、これに対して同盟軍は三個艦隊、計四万隻を動員して迎撃った。このとき、ヤンは同盟軍第二艦隊の次席幕僚であった。

侵入した帝国軍に対し、同盟軍は艦隊ごとに三つの迎撃ルートに分けて、三方向から包囲殲滅する作戦をとった。同盟軍の想定では、帝国軍は中央に密集して、三方向からやってくる同盟軍に包囲されるはずであった。

しかしラインハルト率いる帝国軍は、同盟軍の希望通りには動かなかった。帝国軍二万隻は急進し、まず最も数が少ない同盟軍の第四艦隊一万二〇〇〇隻を撃破し、引き続いて第六艦隊一万三〇〇〇隻をも撃破する。そして最後に残った同盟軍の第二艦隊一万五〇〇〇隻を攻撃する。その攻撃で、ヤンが乗艦していた第二艦隊の旗艦パトロクロスの艦橋も被害を受けた。

このとき、第二艦隊司令部はヤンなど数名を除いて負傷し、ヤンが最高位の士官として艦隊全体の指揮権を移譲されることとなった。本来、幕僚が部隊の指揮をとることはない。しかし、このイレギュラーな状況がヤンを表舞台に上げることになった。しかもヤンは、この状況に対応できる準備を整えていた。

ヤンは事前に、帝国軍が中央突破を図ると予測していた。そしてこの中央突破戦法を逆手にとる。帝国軍は、当初、中央突破で同盟軍を破砕したかのように見えた。しかしその攻撃をやり過ごした同盟軍は、逆に、がら空

アスターテ会戦の模擬図

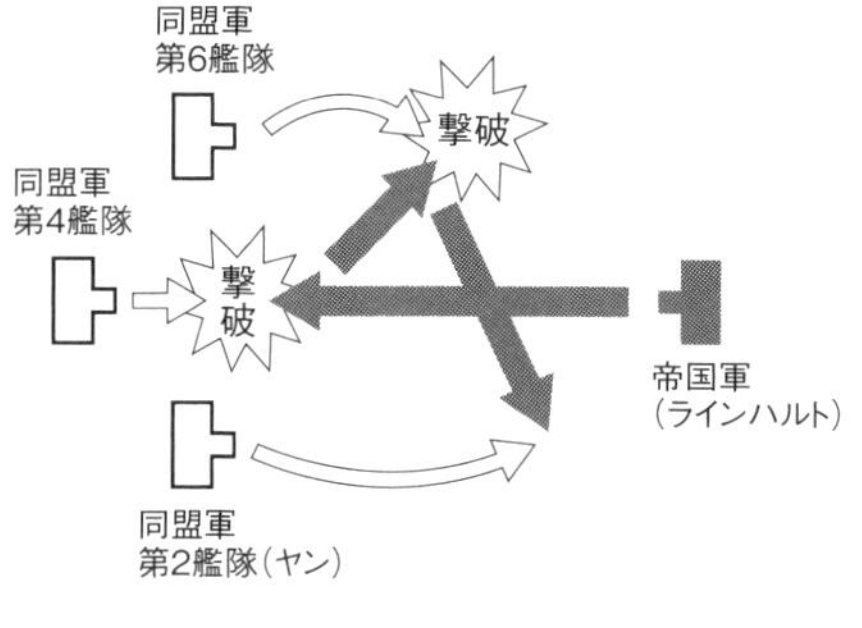

きとなった帝国軍の後背を攻撃する。宇宙空間は簡単には方向転換できない。そのためラインハルトは、急進して同盟軍の背後を突く戦術をとる。ここに、二匹の蛇がそれぞれ尻尾に噛みついているような状況が生じたのであった。

この戦いが生じた背景についても述べておこう。あらゆる軍事作戦は、その背後に戦略目的や政治的目的が控えている。ラインハルト率いる帝国軍がアスターテ星域に侵入した背景にも、一応政治的目的は存在した。しかしその政治的目的は、戦争の勝利への貢献を意図したものではない。伯爵に叙せられたラインハルトに、武勲という「箔」をつけるために、催された侵攻作戦であった。

そう、アスターテ会戦はたしかに戦争の一場面なのだが、実は戦争全体の勝利が考慮されていないのである。従ってこれは、いわば狩猟と同じようなものだと評することもできるだろう。

一方、同盟軍にとってこれは防衛戦争であり、その戦略目的は帝国軍の撃退であり、明

噛みつき合う二匹の蛇

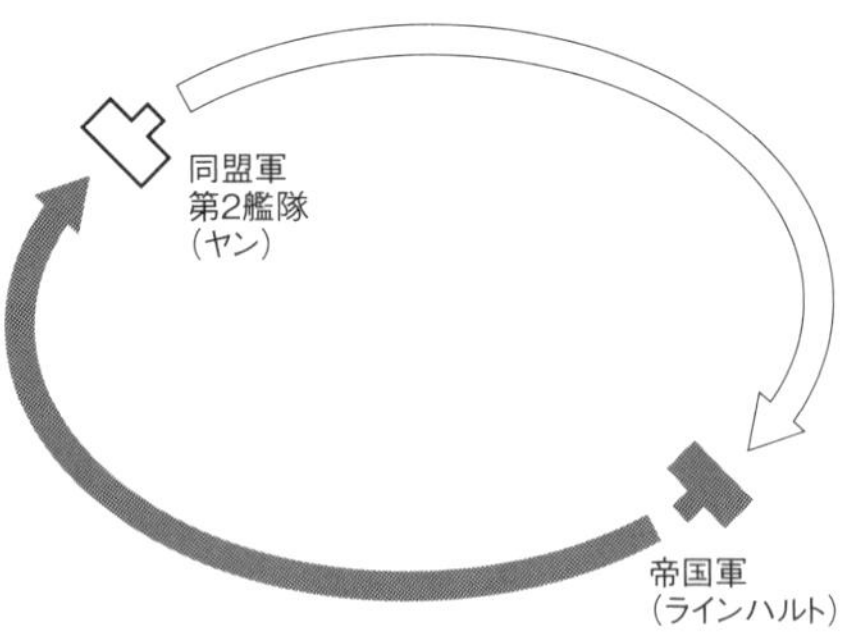

確であったといえる。

この戦いののち、ラインハルトは「叛乱軍討伐の功績」により帝国元帥に叙せられた。弱冠二〇歳の元帥の誕生である。対してヤン・ウェンリーは、少将に昇進し、第一三艦隊の司令官に任ぜられ、イゼルローン要塞の攻略に挑むことになった。

アスターテ会戦に見るランチェスターの法則

「なんということだ! 敵の司令官は用兵を知らぬ。こんな戦いかたがあるか」

愚かしいことを中将は口走った。(第一巻、六八頁)

アスターテ会戦で最初に撃破された第四艦隊司令官パストーレ中将は、自らの予想を裏切るラインハルトの戦術に、まるで非常識なものであるかのごとく困惑している。だが果たしてそれは、非常識な用兵だったのだろうか。

実際には、これは「外線作戦」と「内線作戦」という形で定式化されている作戦形態である。外線作戦とは敵の外側から複数の部隊が「包囲もしくは挟撃」を行う作戦であり「各正面の作戦の相互関連性を利用する」ものである。自由惑星同盟がとった戦略がこれにあたる。それに対して内線作戦とは、包囲される側がとる、「分離した敵に対する各個撃破であり、戦闘力の集中と時間的要素が最高の価値を持つ作戦」、すなわちラインハルトが採用した戦術である。[※1]包囲する側（同盟）は分離した部隊の連携が重要であり、対して包囲される側（帝国軍）は戦力を集中して各個撃破を図るのが定石とされている。

こうして見ると、包囲されようとする帝国軍が戦闘力を集中し、時間差を利用して個別に撃破戦術に出るのは、非常識な用兵どころか、現代においては常識的な用兵であったのだ。特に、三つに分離した同盟軍は相互に連携できない距離にあり、実際、不測の事態に対応できなかった。

では、兵力差はどう考えたらよいのか。中央突破を図る帝国軍二万隻に対して同盟軍第四艦隊一万二〇〇〇隻という数には確実に兵力差があり、普通に考えれば、差し引き八〇〇〇隻ほどの兵力が帝国軍に残るものと想像してしまう。

しかし、この兵力差の効果は単純な引き算では把握できない。この問題を考えるときに役に立つのが、戦略論でいうところの「ランチェスターの法則」である。つまり「20000-12000」と考えるのではなく、「20000^2-12000^2」の平方根を計算するという法則である。[※2]

たしかに古代の戦いなどのように、接近戦で、刀や槍を振るう兵士が目の前の敵と戦うのであれば、単純に、二万人マイナス一万二〇〇〇人の差、八〇〇〇人が生き残るかもしれない。しかし近代戦は、機関銃や大砲やミサイルのように、目の前の敵だけでなく遠方の敵でも攻撃できる。この場合、数の多い方が、より多くの敵を倒すことができる。数が多い方がより弾を発射できるし、数が少ない方がより被害を受けることになる。

少しややこしくなるが、ランチェスターの法則を説明してみよう。攻撃する帝国軍が二万隻で、攻撃される同盟軍が一万二〇〇〇隻の場合、敵艦を破壊できる攻撃力・火力を軍艦一隻あたり一と考えよう。帝国軍の軍艦一隻あたりで同盟軍の軍艦一隻に対する火力は、同盟軍艦艇の隻数から一万二〇〇〇分の一である。帝国軍は二万隻なので、一万二〇〇〇分の一の攻撃を二万回行うことになる。

対して同盟軍は一隻あたり、帝国軍艦艇の隻数から二万分の一の火力を一万二〇〇〇回行うことになる。その結果を約分して、帝国軍の攻撃力は三分の五、同盟軍の攻撃力は五分の三となる。この帝国軍と同盟軍の攻撃力の比を通分して整数にすると、25：9となる。つまり、初期兵力数の比――二万隻対一万二〇〇〇隻を通分すると5：3――それを二乗したものが25：9なのである。すなわち、兵力数の二乗が攻撃力の比となっている。これがランチェスターの法則である。この式で、奇襲攻撃の効果や彼我の態勢などを考えずに単純計算すれば、一万六〇〇〇隻の兵力が帝国軍に残ることになる。

こうして計算してみると、全体の兵力としては四万隻（同盟軍）と二万隻（帝国軍）という戦力差があるような状況において、三方に分離した同盟軍の陣形を利用して各個撃破の戦略をとれば、個別の戦闘においてむしろ数が多くなる帝国軍が極めて効率的に戦いを進められることは明らかだろう。

数が多い方がより有利に少数の敵を倒すことが可能であることを、ランチェスターの法則を使わずに説明することもできる。仮に命中力と破壊力を同じだと想定して、考えてみよう。

帝国軍二万隻と同盟軍一万二〇〇〇隻の戦いで、互いの命中率を二〇パーセントとする。この場合、命中した軍艦を確実に破壊できると仮定する。

互いに射撃したとすると、第一撃で帝国軍は「20000-2400」で一万七六〇〇隻残り、同盟軍は「12000-4000」で八〇〇〇隻となる。

第二撃では、帝国軍は「17600-1600」で一万六〇〇〇隻残り、同盟軍は「8000-3520」で四四八〇隻残る。

第三撃で、帝国軍は「16000-896」で一万五一〇四隻残り、同盟軍は「4480-3200」で一二八〇隻残る。そして第四撃で、帝国軍は一万五〇四〇隻を残すのに対し、同盟軍は消滅する。もちろん命中率を変えると残存兵力も異なってくるため、ランチェスターの法則の数字と正確に同じ結果になるわけでもない。

このように兵力が多い方が少ない方より優位に立って個別の戦闘を進めることができるのである。なお、ランチェスターの法則には「兵器の効率」のような技術力などの変数があるのだが、ここでは言及しない。ともあれ、彼我の兵力差を直感的に判定するために有効である。戦場においては速やかな判断が必要な場面も多いので、勝ち負けを直感的に判定するのに役立つということだ。繰り返すと、この法則の基本は「それぞれの兵力数を二乗して、差を出し、平方根を出す」と簡便なのである。

戦いの外に戦争の勝敗がある

銀英伝の世界でも『戦略的発想と戦術的発想　ヤン・ウェンリー四つの戦い』などという本が出版されているように、私たちの世界でも数多くの戦略本が出版されている。特に『孫子』などは人口に膾炙《かいしゃ》しており、インターネットでも数多くの解説を参照することができる。だが、一般に戦略本がありふれている一方で、有名な「戦いの原則」について言及したものは多くない。

戦いの原則とは、戦略・戦術を問わず、戦争一般で指針とするべき原則を集めたものであり、各国軍でほぼ共通する、戦略・戦術を通底する基本的な原則である。ここでは米統

合軍のドクトリンである「JP-3.0」[※3]に記載されている、戦いの原則を紹介しよう。それは、

・目標（Objective）の原則→明確かつ達成可能な目標を設定すること。
・攻勢（Offensive）の原則→攻勢でもって主導権を握ること。
・集中（または物量）（Mass）の原則→兵力を集中すること。
・機動（Maneuver）の原則→機動でもって敵を不利な状況に置くこと。
・効率（Economy of Force）の原則→第一目標に可能な限り多くの兵力を当てること。
・指揮統一（Unity of Command）の原則→一人の指揮官のもとに兵力を統合すること。
・警戒（Security）の原則→こちらが予期しない優位に敵が立たないよう警戒すること。
・奇襲（Surprise）の原則→敵が備えていない時間や場所で攻撃すること。
・簡明（Simplicity）の原則→簡明な計画と命令で作戦を実行すること。

といった原則である。これらの原則は、簡明で覚えやすい。一方で現在のビジネス書では、さまざまな戦略やテクニックが提唱されているが、あまり直感的ではない。しかし、戦いの原則は、この簡明さゆえに、直感的に戦略や戦術を考えるのに有益である。

なお米軍の統合ドクトリンは、戦後のテロ対策や治安維持を念頭に、これらに加えて三

点を追加した。それは「抑制（Restraint）」「忍耐（Perseverance）」「正統性（Legitimacy）」である。米軍では「対反乱（Counter-InSurgency, COIN）」と称する治安維持が、現代の戦争の重要な意味を持つようになったが、これは米軍のアフガニスタンやイラクでの戦争で、まさに敵軍を倒した後の治安維持で苦しい戦いを強いられたためだ。治安維持においては、明確な敵は存在せず、戦争の帰趨は人々の心をつかむことができるかにかかっている。

抑制は、不必要な武力行使を控えることである。忍耐は、目標達成のために、ときに数年間におよぶ長い時間を耐えること。正統性は、作戦行動における法的道徳的信頼性を維持することである。

いいかえれば現代の戦争においては、戦闘はあくまでも全体の中の一場面にすぎない。「戦闘の勝敗は戦場の外で決まる」と喝破したヤンとは別の意味で、戦場の外で戦争の勝敗が決まるのである。

罠・詐術、ヤンと孫子の共通性

なお、これらの戦いの原則には含まれていない重要な要素に、罠や詐術がある。ヤンは罠を重視し、敵はヤンのトリックを恐れる。ヤン・ウェンリーの「魔術師」という二つ名は、伊達ではない。

「戦略および戦術の最上なるものは、敵を喜ばせながら罠にかけることだろうね」

また、こうも言った。

「種をまいたあと、ぐっすり眠って、起きてみたら巨大な豆の木が天にむかってそびえていた、というのが最高だな」（第五巻、七五頁）

ヤンの神髄は、このトリックのような戦術だといえる。ヤンは銀英伝の中で数少ない東洋系のキャラクターだが、もしかするとこれは、東洋的な発想なのかもしれない。戦いの原則に「罠」についての記述はないが、『孫子』では「兵は詭道なり」として、いたるところで詐術の重要性を強調しているからである。

故に善く敵を動かす者は、これに形すれば敵必らずこれに従い、これに予《あた》うれば、敵必らずこれを取る。利を以てこれを動かし、詐《さ》を以てこれを待つ。（そこで、巧みに敵を誘い出すものは、敵に分かるような形を示すと敵はきっとそれについてくるし、敵に何かを与えると敵はきっとそれを取りにくる。［つまり］利益を見せて誘い出し、裏をかいてそれにあたるのである。[※4]）

利益を見せて罠にはめる。この発想は、孫子と共通するヤンの基本戦術である。作中でヤンが用意してきたエサは、ブラックホールを背にした自軍だったり、無防備の補給物資であった。

だが実際にヤンがエサを用意して、「種をまいた後、ぐっすり眠って」敵を撃ち破った事例は、それほど多くない。アスターテもアムリッツァも追い込まれた状況での逆転劇であった。敵にエサを与えるというのは、そうそう簡単にできる技ではないということだろう。

おそらく、わかりやすいエサに引っかかる者は少ないだろう。実際には、ヤンはわかりやすいエサを用意したというよりも、敵をそうせざるを得ない状況に追い込んだのである。それこそがヤンの戦術であった。「敵を喜ばせながら罠にかける」というセリフは、ラグナロック作戦の一貫で、ロイエンタールがイゼルローン要塞を攻撃し、それに対してヤンがイゼルローン要塞に「おきみやげ」と称する罠をしかけたうえで要塞を放棄した文脈で使われている。ロイエンタールとしては占領せざるをえない。たとえヤン

最古の兵法マニュアル『孫子』

が奇略詭計を弄していたとしても。バーミリオン会戦に至る経緯でも、ラインハルトがやむなく自らをおとりとしてヤン艦隊をおびき寄せる策に打って出たのは、ヤンの策動によって補給線を分断されたためだった。

ヤン自身の言明とは異なり、エサをまいて罠にはめるというのは、そうそう簡単にいくものではない。従ってヤンの戦術も、エサをまいたというより、敵がそうせざるをえない、という状況を生み出した、もしくは利用したというのが正確であろう。繰り返すが、相手にそうせざるを得ない状況を生み出すことが、ヤンの戦術の神髄なのである。

金言の罠とマニュアル本の乱用

戦略や戦術については、多くの人々が一家言を持っている。そしてこのような金言を好む人も多い。だが、金言は金科玉条でも魔法の呪文でもない。だからこそ、その落とし穴を理解したうえで有効に活用するために、孫子の教えを紹介しよう。『孫子』はまるで金言の集大成のような本だが、その中に次のような一文がある。

これを亡地に投じて然る後《のち》に存し、これを死地に陥《おとしい》れて然る後に生く。夫れ衆は害に陥《おちい》りて然る後に能く勝敗を為す。（軍隊を滅亡すべき情況に投げ入れてこそ始めて滅亡を免れ、死すべき情況におとしいれてこそ始めて生きのびるのである。そもそも兵士たちは、そうした危難に落ち《ママ》いてこそ、始めて勝敗を自由にすることができるものである）※5

この金言を利用した事例のひとつが、「背水の陣」という故事である。漢の武将である韓信が、敵軍を迎え撃つのに、川を背にして陣を敷いた。敵軍は「大いにその愚を笑った」が、「漢の全軍は必死に戦ったため」、ついに打ち破ることはできず、その間に漢の別動隊が敵の城を落としていた。結果は韓信の大勝利であった。

この戦術について、韓信の部下が質問する。そもそも「兵法に『丘陵を右にし後ろにし、水沢を前にし左にす』とあるのに、これとは逆に河水を後ろにして布陣させた。不服だったが勝利した。どういう戦術であったのか」。これに韓信は孫子を引いて答える。

これも兵法にあるのだが、思うに諸君が察しないだけのこと。「これを死地（どうしても死ぬようなはめ）におとしいれて然るのち生かし、これを亡地（どうしても亡びるようなはめ、滅亡の地）に置いて然るのち存す」と兵法にあるではないか。わしはまだ部下の士大夫たちを平素から手なずけておいたわけではない。これは、いわゆる「烏合《うごう》の市人を駆り立てて戦わす」ものである。だから勢い彼らを死地に置いて、進んで戦わせたのであり、生地《せいち》（生きられるすき）を与えたら、みな敗走するだろう。それでは、どうして役立たせられよう。[※6]

つまり、『孫子』の金言も、解釈によっては矛盾するものも生じてくるというわけだ。結局は、人の動きをどう読み解くか、というところにつきるということだろう。

逆に、韓信と同じ金言を引きながら、大敗北に終わった例もある。三国志に由来する故事、「泣いて馬謖《ばしょく》を斬る」こととなった敗北の事例である。諸葛亮（孔明）が寵愛した馬謖という武将が、自分の才知を過信し、大敗を喫した戦いである。

この間の事情について、小説の『三国志』で吉川英治は、次のように描写する。諸葛亮の命令は、山道を塞げというものであったが、馬謖は命に反して山上に陣取ろうとする。「この山低しといえど、三方は絶地の断崖。もし魏の勢来らば、引き寄せてうつにはもってこいの天嶮《てんけん》だ」といいはなち、副将の王平が反対しても、馬謖はさらにこう述べて正当化した。

孫子も云っておる。――是《コレ》ヲ死地ニ置イテ而《シカ》シテ後生《ノチイ》ク――と。それがしは幼より兵

法を学び、丞相すら事にあたっては計《はかりごと》をこの馬謖《ばしょく》に相談されておるのだ。だまって我が命令のようにすればよい。[※7]

しかし、敵である魏の将軍であった司馬懿《しばい》は、この布陣を見て「蜀は絶地に陣をとり、自ら敗北を待っている」と喜んだ。そして司馬懿は、山上に水源がないことを看破し、水汲みの通路を断った。なお、絶地とは「路も絶えた険しい地勢」のことで「水も薪も無い所とか、遠地とか、死絶の地などという解釈」もあり、孫子は「絶地には留まることなかれ[※8]」と述べている。

なおこの戦いの描写は、正史の『三国志』の蜀書「諸葛亮伝」と「馬謖伝（馬良伝に付随）」には記載がない[※9]。従って、事例の真実性は不明だが、金言をめぐる落とし穴として面白いエピソードである。

このように、戦争とは敵との相互作用によって効果が定まるものである。戦術は、あくまで敵の行動との相乗効果であって、一方的に効果を発揮するものではない。ヤン・ウェンリーの言葉を借りれば「そんなことは敵と相談してやってくれ。こちらにはなんの選択権もないんだから」（第五巻、二五三頁）ということだ。

忘れてはならないのは、戦略書や戦術書、つまるところマニュアル本はあくまで思考の補助線であって、実際には相手との相互作用で決まるため、臨機応変の対応が不可欠となるということだ。

戦略研究者の石津朋之は、『戦略原論』の中でコルベットの「戦争の研究の中で、金言を決断の代替物として許すほど危険なものはない」という警告を引きながら、「ノウハウや教訓が処方的であればあるほど普遍性に欠けるのであるが、こうした欠点があるにもかかわらず、ノウハウや教訓としての戦略は今日でも広く学ばれているし、時として有用である」※10と述べている。これは、戦争の原則や兵法の名言などが「普遍性に欠ける」ことを前提に、実情に即して、「時として有用」なものにしていく必要があるということである。そしてそれは、応用するものの責任である。でなければ、馬謖が手前味噌のように金言を用いて大敗したように、金言をドブに捨てることになるだろう。そう、金言を自己正当化のレトリックとして用いることは危険なのである。

ましてや、知ったかぶりで金言を語ることは危険である。戦うということは、肉体的にも精神的にも疲労困憊の極限状況にあることを意味し、さらに戦場では情報が錯綜し飽和している。そんな中で情勢を把握し、「決勝点」（戦争の勝敗を決するポイント）を見極め、適切な戦術を打ち出すことは、金言にはできないのである。現代でも戦争に限らず、ビジネスなどのさまざまな場面で戦略・戦術が必要とされることもあるだろうが、金言やレトリックに騙されない注意が必要である。

（〇）

※1　内田政三「現代の陸上戦力」（防衛大学校・防衛学研究会編『軍事学入門』かや書房、一九九九年、一六八頁）

※2　田岡信夫『総合ランチェスター戦略』ビジネス社、一九八六年、四二—四七頁。なおここで紹介したランチェスターの法則は、ランチェスターの第二法則とされるものである

※3　U.S. Department of Defence, Joint Publication 3-0: *Joint Operations*, 17 January 2017, p.I-2

※4　金谷治訳注『孫子』岩波書店、一九六三年、五七頁

※5　同前、一三四—一三五頁

※6　司馬遷「淮陰侯列伝」（小竹文夫・小竹武夫訳『史記6　列伝二』筑摩書房、一九九五年、二一五頁）

※7　吉川英治『吉川英治全集28　三国志（三）』講談社、一九六六年、三六〇頁。この韓信と馬謖の対比は筆者のオリジナルではなく、若年の頃に読んだ書籍に由来する。しかし、もとの書籍を見つけることができなかった

※8　『孫氏』八四頁

※9　陳寿（井波律子訳）『正史　三国志5　蜀書』筑摩書房、一九九三年

※10　石津朋之・永末聡・塚本勝也編『戦略原論　軍事と平和のグランド・ストラテジー』日本経済新聞出版社、二〇一〇年、二八頁

ヤンの信念と現実世界

テロリズムの肯定は可能か？

「テロリズムと神秘主義が歴史を建設的な方向へうごかしたことはない」
（ヤンからユリアンへの教え、第五巻、九一頁）

銀英伝の魅力のひとつは、大艦隊同士の会戦と戦術にある。だが、その魅力を引き立たせる陰影としての策略と陰謀、そしてテロリズムを無視することもできない。

そのテロリズムの中でも衝撃だったのは、ヤン・ウェンリーの暗殺であろう。なにしろ主人公が物語の途中で暗殺されるのだ。ヤンの死によって民主主義再興の希望は消えた、と感じたのは物語の登場人物たちだけでなく、読者もまた同じではなかっただろうか。

だが「テロリズムが歴史を変えることはない」とのヤンの言葉は、最後には現実となった。ヤンの意志を継いだイゼルローン共和政府が、ヤンの命題を証明すべく、バーラト星系の自治権の獲得という限定された形ではあるが、宇宙の平和と民主主義の存続を達成するからである。

では現実世界ではどうだろうか。二一世紀の五分の一が過ぎようとしている現在においても、暗殺、標的殺害、自爆テロなど、新聞紙面では新たなテロ事件が報じられる。アフガニスタンやナイジェリアでは、自爆テロはもはや日常茶飯事となってしまっている。

本当に、テロリズムが歴史を動かすことはないのか？　あるいは、テロリズムを有効な政治の一手段として認めざるを得ないのか？　フィクションと現実とを往復しながら考えてみよう。

銀英伝におけるテロ

宇宙暦八〇〇年（新帝国暦二年）六月一日、不敗の魔術師ヤン・ウェンリーは、一度も戦場で敗北することなく、地球教徒のテロによって命を落とした。三三歳であった。このテロによって、パトリチェフやブルームハルトもともに命を落とす。

指導者の暗殺に衝撃を受けたヤン艦隊だったが、「テロが歴史を変えることはない」というヤンの言葉を証明すべく、民主主義の旗を掲げるイゼルローン共和政府を成立させ、帝国との戦争を継続する。ヤンの言葉は歴史の必然を示すだけでなく、残された人々が目指すべき世界を指し示すものとしても機能することになった。

銀英伝の世界では、数多くのテロ事件が生じている。アンスバッハ准将によるラインハルト暗殺未遂とキルヒアイス殺害（第二巻）、地球教徒によるヤン暗殺（第八巻）、そして本編の最後には地球教徒によるラインハルト暗殺未遂が起こり、オーベルシュタインが殺害されている（第一〇巻）。物語のいくつかのターニングポイントは、テロが引き起こしているのだ。

それ以外にも、本編ではクブルスリー大将暗殺未遂事件、キュンメル事件、シルバーベルヒ暗殺事件、ウルヴァシー事件、柊館炎上事件、ルビンスキーの火祭りなどがあり、外伝でもフリードリヒ四世暗殺を狙ったクロプシュトック公事件、ベーネミュンデ侯爵夫人による数々のラインハルト暗殺未遂とアンネローゼ暗殺未遂事件などがある。

また銀英伝史上の事件として多くの皇帝暗殺と未遂事件が存在し、また本編開始以前の前史でも、地球政府と植民惑星との間で起こったシリウス戦役（西暦二七〇四年終結）後には首相のタウンゼントが中性子爆弾によるテロで死亡している。

テロリズムが歴史を「建設的な方向」へと動かしたかどうかはともかく、物語の節目節目でテロリズムが重要な役割を果たしているのは間違いない。

テロに対する登場人物たちの立場は一貫している。ヤン・ウェンリーはもちろん、陰謀と謀略を許容するラインハルトも、テロに対しては否定的であり、それを手段として用いるという思考の片鱗すら見せていない。

対照的に、テロを用いる側がテロリズムを有効な手段と見なしていたことを示す描写も数多い。たとえば、ラインハルトと門閥貴族との勢力争いであるリップシュタット戦役の直前には、フェルナー大佐がブラウンシュバイク公にラインハルト暗殺を提案したが即座に拒絶されている。結局フェルナー大佐は独断で挙兵しラインハルトの居館を襲撃しようとするが、キルヒアイスの厳重な警備を目にしてあっけなく部隊を解散させ、自身は逃亡した。

このように、銀英伝の物語では、テロを手段とみなす者と忌避する者が、つねにくっきりと分かれているのだ。

対して、テロへの対抗措置はどのようなものだったか。ゴールデンバウム朝初期のエルンスト・ファルストロング伯爵暗殺では、ルドルフ大帝はその報復として数万人の容疑者を処刑した。また、ローエングラム朝は、キュンメル事件に対する報復として地球侵攻を行っている。ちなみにこの地球攻撃時に指揮官ワーレン提督は、地球教徒のテロにより左腕を失っている。いずれにせよ、帝国はテロを血で贖わせることで一貫している。

しかし同盟側は、特筆するべきテロ事件が少ないためか、対処方針もはっきりしない。そもそも、ヤン自身はテロに対して無頓着なところがあったし、ヤン艦隊の面々もヤンへの護衛を増やす以外の措置を考えていたふしがない。ユリアンが地球潜入時（第六巻）にそこから持ち帰った資料をヤンが分析していれば、地球教徒によるヤン暗殺に対して異なる方策をとりえた可能性もあることが本編で言及されるが、それも空想の域を出ない。

さて、これら銀英伝のテロ事件には、現代の世界とは異なる大きな特徴がある。それは特定の有力者を狙った暗殺が主であり、不特定多数の人々を狙ったテロではないという点だ。ゴールデンバウム朝初期の弾圧をテロと呼ぶこともできようが、現代では大量虐殺やジェノサイドと称した方が適切だろう。

つまり、銀英伝における主なテロの手段は現代より狭く、ほぼ暗殺を意味している。

遍在するテロリズム

ここで、「テロ」とは何かを確認しておこう。

テロリズムの語源は、フランス革命時のジャコバン独裁下での「恐怖政治（la Terreur）」である。元来は権力者に対する対抗手段としてではなく、権力者が恐怖で市民を従わせる手段としてこの言葉は生まれた。いわば国家によるテロである。

銀英伝では、ゴールデンバウム朝初期におけるエルンスト・ファルストロング伯爵による四〇億人の「法によらない」処刑、初代皇帝ルドルフ大帝没後の混乱におけるノイエシュタウフェン侯ヨアヒムによる弾圧などの恐怖政治が原義のテロにあたる。しいていえば、救国軍事会議が起こしたスタジアムの虐殺は、突発的なものとはいえこれに近い行為といえるだろう。

だが現代の世界では多くの場合、テロリズムとは反政府勢力が権力者に対抗する手段として用いる、非合法な攻撃ということができる。

先に述べた通り、銀英伝におけるテロリズムのひとつの特徴は、そのほとんどが民間人を対象としたものではなく権力を持つ者を狙ったものである点だ。現実でも、つい最近までは特定人物を狙った暗殺がテロの主流であったといえる。数多くの人物が実際、暗殺されている。また近年のテロリズムと対テロ戦争においても、いわゆる暗殺を意味する「標的殺害」は正式の軍事的手段となっている。

だが、そういった暗殺よりも現代の世界を脅かしているのは、不特定多数の民間人を殺害するテロリズムだろう。世界貿易センタービルに二機の航空機を激突させ崩壊させた9・11テロは、現代のテロのありようを世界中にまざまざと見せつけた。自爆テロや簡易爆弾など手

テロリズムとは何か

用法	意味
テロの原義	恐怖政治。権力者が恐怖と暴力を用いて市民を従わせること
テロの現代的意味	反政府勢力などの少数者が、恐怖と暴力を用いて権力ないしは市民に攻撃を加えること

段は限られているが、攻撃対象は不特定で、場所も超高層ビル、マラソン大会、列車、市場、モスク、教会、新聞社など、およそ人が集まる場所はすべてテロの現場となりうる。権力者かどうかは問題ではなく、幅広い「敵」に恐怖を植えつけることに主眼が置かれている。

さて、「テロを容認してはならない」「テロと妥協してはならない」とはしばしば耳にするフレーズである。だが、実際の歴史が示してきたのは、テロが有効な政治的手段でもあるいう皮肉な事実だ。二〇世紀に限っても、アイルランド、イスラエル、パレスチナなど、テロを利用して誕生した政権や国家は数多く存在している。

テロリズム研究の専門家であるブルース・ホフマンは、『テロリズム 正義という名の邪悪な殺戮』という著作の中で、イスラエルの建国を例にテロの「有効性」を指摘している。第二次世界大戦でナチスによる国家テロとでもいうべき大虐殺を生きのびたユダヤ人たちは、「約束の地」パレスチナを目指した。しかしユダヤ人の大量入植は、居住しているアラブ人との摩擦を引き起こす。そのため当時パレスチナを信託統治していたイギリスは、ユダヤ人の入植を制限する。アラブ人との摩擦を恐れたためである。

これに対してユダヤ人側は、イギリスに対するテロで対抗する。イギリス兵を殺害し、イギリス軍の司令部が置かれていたキング・デイヴィッド・ホテルを爆破するなど、テロでイギリスを追い詰める。その結果イギリスはパレスチナの統治を放棄し、イスラエルが独立国となる契機を作った。

　さらにイスラエル建国直後にはじまった第一次中東戦争に対して、国連が任命した調停官ベルナドッテ伯をもイスラエルのテロリストは暗殺した。ベルナドッテ伯を「アラブ寄り」とみなしたためであった。

　さらに重要な点は、これらの事件を起こしたテロリストが、のちにイスラエルの重要な政治家になっていったことにある。キング・デイヴィッド・ホテル爆破事件の首謀者メナヘム・ベギン、ベルナドッテ伯暗殺事件の首謀者イツハク・シャミルは、両名ともイスラエルの首相に上り詰めている。

　そして、このイスラエルに対抗したパレスチナ側もまた、テロを政治的手段として用いている。第一次中東戦争を経て故郷を追われたパレスチナ難民たちは、パレスチナ・ゲリラを結成し、イスラエルにテロで対抗していく。このパレスチナ・ゲリラによるテロがなければ、パレスチナ難民は忘れ去られた存在だっただろう。PLO（パレスチナ解放機構）の最大派閥ファタハが結成した秘密テロ組織「黒い九月（ブラック・セプテンバー）」は、ミュンヘン・オリンピックに参加していたイスラエルの選手団を誘拐、西ドイツ当局と銃撃戦を行い、人質は死亡した。しかし、この共感を呼ばないテロ事件は、思わぬ帰結をもたらすことになる。パレスチナ問題が国際政治の議題となり、PLOは国連総会にオブザーバー資格で参加することが認められたのである。つまりPLOは、テロによって国際政治のプレイヤーの地位を手に入れたのであった。

ホフマンは、パレスチナのテロの「有効性」を次のようにまとめている。

> PLOが国際テロリズムに訴えなかったら、こういう形で成功できていたかどうかは疑わしい。四半世紀にわたって無視されつづけ、知名度もなかったのに、少数のパレスチナ人テロリストが、四年とたたないうちにそれを激変させたのである。外交官、政治家、ロビイスト、そして人道活動家らがねばり強くつづけたがはたせなかったことを、彼らは成しとげた。パレスチナ人とその窮状に世界の関心を集めたのだ。また、世界各地で、おなじように不満をいだくマイノリティ（人種的少数派）や民族主義《ナショナリスト》グループにとって、強烈な先例となった。[※1]

つまりホフマンは、テロリズムが、外交や人道活動といった地道な努力よりも政治的有効性を持ってしまうことを指摘しているのだ。しかも、犠牲が大きいほどに注目を集め、さらに勢力を拡大できるというメカニズムがここには存在する。テロは衆目を集め、いままでは無視され続けていた少数派の意見を多数派に認識させる手段として、有効な一面を持っている。つまり、ヤンの理念とは裏腹に、テロは歴史を変える手段だともいえるのだ。

テロへの対抗措置

では、われわれはテロリズムにどう対抗すればよいのか。いま行われている現代世界のテロへの対処と、銀英伝の世界での対処に大きな違いはないのかもしれない。というのも両者はともに、武力を用いてテロリズムと戦っている点で同じだからだ。しかし、違いもまた存在する。

ローエングラム朝銀河帝国は、キュンメル事件を受けて地球教徒を叛徒と断じ、徹底的な弾圧を行った。本編でも言及されているが、情報入手のためには拷問や自白剤など、あらゆる手段が用いられたという。また、地球に対して武力侵攻も行っている。当然ながら、地球教徒掃滅で殺されるのは、狂乱したテロリストのみならず、巡礼の女性老人子どもも含まれるだろう。コーネフ船長が運んだ善良そうな人々や、地球潜入時にユリアンがお世話になったおばあさんなども地球侵攻の犠牲者に含まれるだろう。また帝国が地球教の支部を殲滅する際に市街戦となったが、本文に描写はなくとも、民間人を巻き込まざるを得なかったに違いない。

だが、特定の宗教や組織に属するというだけで、武力攻撃の対象にすることは現代世界では容認されていない。たしかに第二次世界大戦において世界は、敵国民というだけで民間人への攻撃や強制収容を許容してきた。しかし現代では、テロとの関連でイスラムフォビア（イスラム嫌悪）が生じても、その偏見に立ち向かう人々も多いし、まして攻撃が許容されることもない。地球教徒というだけで殲滅するというのは、ジェノサイドに他ならないからである。銀河帝国のような強硬手段でテロリストを殲滅し、また民間人への巻き添え被害を考えずに弾圧を加えることは、現代では禁止されている。

またテロリストやテロリストと疑われる人物に対する対応も、現代と銀英伝では大きく違う。地球教徒の尋問を指揮した憲兵総監ケスラーについて、「さまざまな観点から、彼が公正で高潔な人物であったことは疑いえないが、彼はローエングラム王朝の軍人であって、犯罪者の人権擁護運動にしたがう人道主義者ではなかった。ゆえに、必要と思えば、拷問に類することも、あえて辞さない」（第一〇巻、一九五頁）とあるが、現代でもアメリカは、キューバにあるグアンタナモ米軍基地で、多数のテロ容疑者を収容して拷問を繰り返していたという事実が判明している。しかし後者は人権問題として大きな批判をあび、グアンタナモ基地の閉鎖が議論されている。

ここに葛藤が生じてしまう。テロリズムを容認してはならない。しかし、テロリズムへの対抗策として、権力による暴力は、どこまで許されるだろうか。ここでひとつの思考実験を紹介したい。

仮に自己の計画を頓挫させることにつながる協力を申し出るくらいなら、むしろ死を望むと堅く決心した狂信的な者がいたとする。その者は、核爆発を起こすための起爆装置をパリ中心部のどこかにこっそりと設置した。無辜の人々や持ち運び可能な芸術品を避難させる時間はない。惨劇を避けるための唯一の望みは、その実行犯を拷問にかけ（ることで場所を聞き出し）、起爆装置を見つけ出し、それを解除することである――[※2]。

このようにテロリストを拷問するしかテロを阻止する方法がないといった状況で、読者はどういう行動を是とするだろうか。拷問を容認するだろうか。それとも、テロリストの人権を優先するだろうか。もちろん、この思考実験は仮想の話であり、現実の事例でない。また、こういった仮想事例を持ち出して、現実の拷問を正当化することは危険でもある。だがこの仮想事例が現実の問題として現れた場合、われわれはどういう判断を下すべきか、回答を見つけることは容易ではない。

テロの手段と担い手の拡大

テロは許されるべきではないし、歴史を変えてはいけないのかもしれないが、現実のさまざまな事例を見ていくと、ホフマンの指摘通り、テロが政治的目的を達成する有効な手段でもあったのだと、私たちは苦々しくも認めざるを得ない。そして、テロリストによって生み出された世界が、イスラエルやパレスチナの成立が示すように、まさに現代世界であるという矛盾が根底に横たわっている。

むろん、すべてのテロが政治的に成功したわけではない。そもそも、テロリズムへと過激化する理由は、少数派が歴史の舞台から退場に追い込まれているがゆえに、過激化してしまうという側面もある。過激な活動から穏健な合法的活動に変容するというルートもあれば、当初は合法的活動から出発し過激化するルートも存在する。まさに、日本赤軍やオウム真理教など、当初は穏健な活動にはじまり、過激化した末に暴発するというルートをたどった組織も存在するのである。

なお、現代世界の脅威となっているテロリズムは、暗殺や爆弾テロから、さらに変容しつつある。バイオテクノロジーを利用した新たな生物兵器の開発が危惧され、またサイバー攻撃は、経済・社会への深刻な打撃も予想される。これも銀英伝にはない事態だ。

銀英伝の世界では、特定個人の暗殺に限られたテロリズムが横行していた。しかし現代世界においては、それ以上に多くの種類のテロリズムを抱えており、テロの根絶は非常に厄介な課題となっている。

「テロが有効かどうかは関係なく、歴史は変えられない」。もしかするとヤン・ウェンリーの主張は、こういうものだったのかもしれない。成功するテロリストはいるし、失敗するテロリストもいる。ヤンの言明は、数々のテロ事件が生じたとしても、歴史の大きな流れは変えることはできない、という意味だったのかもしれない。たとえば地球教徒がいくらテロを起こしても、地球を再び人類の中心に据えることはできないのだ、と。そういう理解ならば、テロが歴史を変えることはない、という主張も正しい言葉だといえるだろう。だが、9・11テロが、現代人にとって大事件であり、対テロ戦争やイラク戦争へとつながっていったように、一般的な感覚での歴史を大きく左右することも確かである。

また、銀英伝のテロリストたちは現代とは異なり、民間人を攻撃対象としない、ある種「モラルが高い」権力闘争を行っていたともいえる。主人公たちにとってテロリズムは道徳的に拒絶するべきものであり、反対に悪役にとっては有効な手段かもしれないが、それでも制限された活動にとどまっている。

その意味では、現代におけるテロリズムへの対処の方がより困難な問題である。テロリズムはこれまで有効な政治的手段として機能してきたのに対し、テロへの対抗措置は限定されたものにとどまるからである。

本章の結論は、残念なことに、ヤンの言葉は現代に当てはまらない、ということになる。現代の世界は、テロによって創られた側面があるがゆえに、テロの根絶はより難しい状況にあるのだ。

（O）

※1　ブルース・ホフマン（上野元美訳）『テロリズム　正義という名の邪悪な殺戮』原書房、一九九九、九九頁。なお、本節のイスラエル建国におけるテロの事例は、ホフマンの記述に依拠している

※2　Henry Shue, 'Torture', in Sanford Levinson (ed.), *Torture: A Collection*, Oxford University Press, 2004. p.57.（眞嶋俊造「正しい拷問？：「正拷問論」構築に向けて」、『応用倫理』第四号、二〇一〇年、一七頁の翻訳を引用）

銀英伝に学ぶ「正戦論」とその限界

「正しい」戦争はあるのか

「中尉……私はすこし歴史を学んだ。それで知ったのだが、人間の社会には思想の潮流が二つあるんだ。生命以上の価値が存在する、という説と、生命に優るものはない、という説とだ。人は戦いを始めるとき前者を口実にし、戦いをやめるとき後者を理由にする。それを何百年、何千年も続けてきた……」

「……………」

「このさき、何千年もそうなんだろうか」

「……閣下」

「いや、人類全体なんてどうでもいい。私はぜんたい、流した血の量に値するなにかをやれるんだろうか」

（アムリッツァ会戦の直後、ヤンがフレデリカに漏らした言葉、第一巻、三四四頁）

「正しい戦争」はあるのか？

そう聞かれれば、多くの人は「そんなものはない」と答えるかもしれない。しかし、生まれたときからすでに戦争の渦中にある人々は、いったいどうすればいいのだろうか。自ら戦いを求める人も、戦いを憎む人も、ともに死んでいく戦争において、ただ、なりゆきにまかせるしかないのだろうか。

ヤン・ウェンリーは、戦争を毛嫌いする。一方でヤンは、その渦中において、少しでも正しい何かを探しだそうとしている。それは傍から見れば、多少はましな悪という程度のものにすぎないのかもしれないが……。そしてヤンが導き出した答えは、「民主主義の火種を後世に残すこと」だった。

> ちかづく決戦を前に、ヤンは自分の立場を再確認していた。自分はなぜ戦うのか。どうして皇帝ラインハルトから、自治領の成立という約束をもぎとらねばならないのか。それは、民主主義の基本理念と、制度と、それを運用する方法とにかんして、知識を後世に伝えなくてはならないからだ。（第八巻、四二頁）

しかしこの結論は、冒頭のヤン自身の問いに、十分に答えているものだといえるだろうか？　また、われわれ自身が同じような状況に置かれたときに、なすべきことを示してくれる指針となりえるものなのだろうか？

少なくとも「戦争は愚かだ」だけでは、答えにはなりえないだろう。ここでは、戦争という悪の中にある「正しさ」について、考えてみたい。

ヤンの「正義」と命よりも大事なもの

銀英伝の作中で、ヤンは戦いの愚かさ、虚しさについて繰り返し自問自答している。戦争の愚かさを認めつつ、それでも戦わざるを得ない自分に納得していないようにもみえる。「なぜ戦うのか、という命題を、つねにヤンは考えているのだが、論理的に追求していけばいくほど、戦いの無意味さをのみ確認する結果になってしまうのだった」（第八巻、一三四頁）、というように。

特に物語の後半においては、生命にはとどまらない価値の問題がヤンを悩ませることになる。それは「歴史」といいかえてもよい。ヤンがラインハルトに抵抗すること、打倒することが、はたして歴史にとって本当によいことなのか、と。

ローエングラム公ラインハルトが改革をなす動機は、彼の野心を達成する方便、またはたんなる反ゴールデンバウム感情のためだけであるかもしれない。しかし、その歩みは、あきらかに歴史の進歩の方向――自由と公正――に合致しているのだ。とすれば、自由惑星同盟《フリー・プラネッツ》が彼と対立する必要がどこにあるのだろう。手をたずさえて、宇宙から古代的専制の残滓を一掃し、あたらしい歴史秩序を構築すべきではないのか。なにも全人類社会が、単一の国家である必要はなく、複数の国家が並存していてかまわないのだ。（第三巻、二六四頁）

じつは自分は、あたらしい秩序を破壊しようとしているだけの、歴史上の犯罪者なのかもしれない、ラインハルトこそ後世からみて歴史の嫡子《ちゃくし》であるかもしれない、と、ヤンは妻に語り、〝紅茶入りブランデー〟の一杯めを飲みほした。（第六巻、一一五―一一六頁）

ヤンは、戦いの正しさを肯定しない。にもかかわらず、少しでも正しい何かを見つけ出そうとして戦い続ける。その評価に絡んでくる要素は、二つある。生命の価値と、そして歴史である。

すべての生命には価値がある。この命題に、異論は少ないだろう。だが、生命よりも価値を持つものがあるのだろうか。この問いについては、意見は分かれるだろう。たとえば国家や民族などに価値を見出す人たちがいる。そして多くの場合そこには、私たちの家族や子ども、そして子孫の生命が投影されている。

「生命は無上の価値を持つ」という思想と、「生命を賭してでも守るべき価値がある」という思想。この二つの思想は、ヤン自身が抱え込む矛盾でもある。ヤンは生命以上の価値はないと考えるからこそ戦争は愚かだと思い、しかしながら、自由惑星同盟というよりも「民主主義」の理念に生命以上の価値がある、と考えているからこそ戦い続ける。だが、その行いが本当に正しいものだったのかどうかは確信を持てず、歴史の審判にゆだねる他はない。

ヤンの語る「歴史」には、時の流れや人類の進歩が投影されているように見える。後世の歴史家はどう評価するのか。いや、歴史という大きな流れに自らの行為を置いてみたとき、その行いは正しいのか、正しくないのか。そう自問自答しているといってよい。そしてヤン自身はこの矛盾を解消できなかった。

軍人と軍隊とを毛嫌いしながら、戦いをやめることができないという矛盾。

しかし、結果としてヤンは、民主主義を後世に残すことを、生命以上に価値を持つ行為だと考え選択したのだといえる。実際、ヤンが戦いを放棄することはなかった。「民主主義には生命以上の価値があるのか」とヤンに尋ねても明確な答えは返ってきそうもないが、それでも彼の行動は一貫していたのである。

もしかしたら、自由惑星同盟の宇宙艦隊司令官ビュコックの言葉が、ヤンの葛藤を解消してくれるかもしれない。

「わしに誇りがあるとすれば、民主共和制において軍人であったということだ。わしは、帝国の非民主的な政治体制に対抗するという口実で、同盟の体制が非民主化することを容認する気はない。同盟は独裁国となって存続するより、民主国家として滅びるべきだろう」

少佐が身じろぎしたのを見て、老提督はいたずらっぽく笑った。

「わしはかなり過激なことを言っておるようだな。だが、実際、建国の理念と市民の生命とがまもられないなら、国家それじたいに生存すべき理由などありはせんのだよ。で、わしとしては、建国の理念、つまり民主政治と、市民の生命をまもるために戦おうと思っておるのさ」（第五巻、二九頁）

ビュコックのように、歴史のためなどではなく、建国の理念と市民の生命を守るためにこそ国家が存在するという信念を持ち、民主国家のために殉じるという軍人像に肯定的であったなら、ヤンの葛藤はいくらか解決されていただろう。だが、ヤンは自分が軍人であることに誇りを持っていない。軍人であることをも嫌っていたから、残念ながらビュコックのような論法はとれなかった。

ラインハルトの「正義」と結果の正義

その点ラインハルトは、戦う理由を自分の外部にある抽象的な思想に求めてはいない。たとえば、ラインハルトはヤンとの会談において「私は真理など必要としなかった。自分ののぞむところのものを自由にする力だけが必要だった。逆にいえば、きらいな奴の命令をきかずにすむだけの力がな」（第五巻、三三五頁）とも述べている。そもそも、ラインハルトは正しさを求めていない。自分の野心が行動の根拠なのだ。

ラインハルトは、「真理など必要としない」という。では、自分の行為の社会的な意味を考えていないのだろうか。

それも違うだろう。ラインハルトは、自分が戦い勝利することが平和につながる、社会の公正さにつながると考えている。ラインハルトもまた、この戦争を無意味だと考えていた。ラインハルトにとって戦うことの大義は、この無駄な戦争を、ラインハルト自身の手で終わらせることである。実際、OVA版『わが征くは星の大海』冒頭での会話で、ラインハルトはそうした意思を示していた。

「終わらせるよ」

「はい。要塞の戦いだけでなく、一五〇年続いたこの銀河の戦いが終わるのも、そう遠くはないでしょう」

「ああ、遠くはない。それを終わらせるのも」（OVA版『わが征くは星の大海』）

だが、ラインハルトの動機は戦争を終わらせることであるというのは、いささかミスリーディングだろう。ヒルダの洞察をみてみよう。ヒルダはラインハルトの考える「正しさ」をこう読み解く。

そのゆえんはなんであったか。美しく優しい姉アンネローゼを、権力者によって不当に強奪されたことにたいする復讐を誓約したこと。五世紀にわたる大貴族の支配体制に腐臭をかぎ、その変革をこころざしたこと。私的だが正当な怒りと、公的で正当な

願望。（第七巻、一九三頁）

ヒルダは、ラインハルトに戦争終結の願いを観察していない。私的な怒りが最初にあって、その後に公的な正当性が付いてくる。つまりラインハルト自身の思考過程として、社会変革は、復讐と野望の実現の付随物にすぎず、目的ではない。あくまでも自身の野望と怒りが行動の源泉になっているのである。すなわち、ラインハルトの正義はあくまで「結果（として）の正義」なのだ。

功利主義と価値の多元性

ヤンとラインハルトの「正義」は、対照的である。他の例として、ラインハルトの参謀長や軍務尚書を務めたオーベルシュタインをみてみよう。その価値観は「人命」を最優先することにおいて一貫している、といえる。ただし、彼の価値観はあまりに極端で、万人の支持は得られそうにない。リップシュタット戦役の最中、民衆が反乱したヴェスターラントに対し、ブラウンシュヴァイク公が、甥を殺された報復として熱核兵器を使用した。これに対し、オーベルシュタインは、「大貴族どもの非人道性の証」「帝国二五〇億人民のため」として黙殺させたのだった。

またオーベルシュタインは、人質をとってイゼルローン共和政府を屈服させようとする。銀河帝国の諸将にも不評であったこの行為を、オーベルシュタインは次のように正当化している。


軍事的浪漫主義者の血なまぐさい夢想は、このさい無益だ。一〇〇万の将兵の生命をあらたに害《そこな》うより、一万たらずの政治犯を無血開城の具にするほうが、いくらかでもましな選択と信じるしだいである。（第一〇巻、一〇九頁）

これをユリアンが翻訳すると、次のような哲学的な問いとなる。


ユリアンら旧自由惑星同盟《フリー・プラネッツ》の人々にとって、（オーベルシュタインは）プラスイメージの高い人物では、けっしてない。その人物に、

「正々堂々と戦って一〇〇万人の血を流すことと、最低限の犠牲で平和と統一を達成することと、どちらがより歴史に貢献するのか」

などという深刻な命題をつきつけられたことは、ユリアンにとって小さな衝撃ではな

かった。むろん、出題者の側には、明確すぎるほどの価値観がそなわっている。（第一〇巻、一三八頁）

オーベルシュタインの思考は、公明正大さや正義といった価値を除外し、ただ最大多数の人命に価値を絞ることで、明確な主張となっている。これは哲学の分野で功利主義といわれるような立場に近い。功利主義とは、イギリスの哲学者のジェレミー・ベンサムに代表される学説で、「最大多数の最大幸福」をその原則としている。社会を構成する人々の「効用（満足の度合い）」を尺度にして、それらの総和を最大化することを重視するというものである。オーベルシュタインもまた、人命を「一〇〇万：一万」という数に還元し、それらの総和が最大になることを最優先にしているという点で、一種の功利主義的な思考を持っているといえるだろう。

このように、オーベルシュタインは重視する価値を絞ることで、葛藤から逃れることができる。

しかし、ヤンはさまざまな価値を大切に考えるからこそ、価値の衝突に苦しむのである。たとえば、ヤンは前述のラインハルトとの会談に際し、ラインハルトに「私は、あなたの

価値や真理に対する銀英伝の登場人物の立場の違い

登場人物	立場
ヤン	価値多元主義／歴史主義
ラインハルト	決断主義
オーベルシュタイン	功利主義

主張にたいしてアンチ・テーゼを提出しているにすぎません。ひとつの正義にたいして、逆の方向に等量等質の正義がかならず存在するのではないかと私は思っています」「これは私がそう思っているだけで、あるいは宇宙には唯一無二の真理が存在し、それを解明する連立方程式があるのかもしれませんが、それにとどくほど私の手は長くないのです」（第五巻、三三五頁）と語っているように、価値の多元性こそがヤンの思考のおおもとにある。

これは、あくまでラインハルトとの会話だが、一元的な価値基準を説くオーベルシュタインの功利主義に対する反論にもなっているといえるだろう。おそらく、多くの読者もまた、オーベルシュタインほど思い切りはよくないだろう。でなければ、葛藤に苦しむヤンが主人公である銀英伝に共感など抱けない。これに対して、自分自身の決断が先行し、結果は後からやってくるというラインハルトの思考は、政治学でいうところの「決断主義」に近い立場であるといえる。

「正しい戦争」の条件？

戦争の正しさについては、古代の哲学から現代の政治学や国際関係論まで、ずっと考え続けられてきた。だが、先にいってしまえば、人命以上に尊い価値の有無を含めて、結論らしい結論は出ていないといっていいだろう。しかし、それは「戦争の正しさ」についての学問分野が存在しないという意味ではない。たとえば、倫理学には「正戦論」というものが存在する。[※1]これはその名の通り、「正しい戦争」を議論する分野だ。

正戦論は、戦争をはじめる際に考えるべき「戦争のための正しさ＝ユスアドベルム（jus ad bellum）」と、交戦中において容認される戦い方である「戦争における正しさ＝ユスインベロ（jus in bello）」とに大別され、[※2]戦争の正しさを判定する議論の材料を提供する。

開戦の必要条件となる「戦争のための正しさ」は、「正当な理由」「正統な機関」「正しい意図」「最終手段」「成功の合理的な見込み」「結果の比例性」といったトピックで説明される。[※3]それは具体的には、

（1）正当な理由→戦争をはじめる理由は、侵略などの不正に対抗するものでなくてはならない。

（2）正統な機関→戦争は、国家や国連の安全保障理事会など、正統な権限を有する機関によって行われなければならない。たとえば現場の軍人など、国家を代表しえない者が勝手に戦争をはじめることは不正である。

（3）正しい意図→たとえ戦争をはじめた理由が正しくても、戦争を遂行する意図が不正

であってはならない。敵の侵略を逆手にとって、自国が逆に敵国を侵略することは不正である。

（4）最終手段→他に取りうる手段がない場合に限って、戦争に訴えることができる。

（5）成功の合理的な見込み→戦争を行う意図を達成できる合理的な見込みがある場合のみ戦争に訴えることができる。

（6）結果の比例性→戦争をはじめる時点で予測される成果が、戦争による破壊や殺戮といった予想される害悪と釣り合っていなければならない。

という条件によって正当化されることになっている。

これに対して、開戦してからの戦闘行為の正当性を担保する「戦争における正しさ」は、「区別」「手段の比例性」で判別される。

（1）区別→民間人（非戦闘員）と軍人（戦闘員）とは峻別されなければならない。

（2）手段の比例性→たとえば相手が鉄砲で攻撃してきた際に、核兵器など釣り合わない手段で応戦してはならない。

これらの正戦論の枠組みは、現代の国際法にも反映されている。たとえば国連憲章は戦争＝武力行使そのものを禁止しているが、例外的に武力行使が許される条件を「自衛のため」か「国際の平和と安全を維持する目的で国連安全保障理事会が承認した場合」とに限定している。

つまり、戦争の正しさについて学問的な結論が出ていないからといって、戦争は「何でもあり」などではない。正戦論は、戦争の正しさを積極的に価値づけるものではなく、どのような戦争が正しくないのか、ということを消極的にでも議論することを可能にしてくれるのである。少なくとも現代において、戦争の遂行には世論の支持が不可欠であり、世論の支持には正義が不可欠である。アメリカの政治哲学者であるマイケル・ウォルツァーが論じるように、「正義こそが勝利の鍵」なのであり、「正義は軍事的な必須条件になった」のである。[※4] だが、現代の戦争において、正義を掲げない国はない。交戦国同士で複数の正義が衝突するということもまた周知の事実だろう。結局のところ、戦争の正しさは、ヤンのいうように歴史にゆだねる他ないということなのかもしれない。

正戦論から見た銀英伝

ここで試しに、この正戦論を銀英伝の世界の戦争に当てはめてみよう。

（1）正当な理由

これは、戦争をするきっかけは何か、といいかえてもよい。同盟は、帝国の圧政という不正から逃れた人々が建国した国家であり、建国後は、帝国の「侵略」に対抗して防衛戦を繰り広げた。一方でゴールデンバウム朝銀河帝国は、同盟を叛乱軍、叛徒とみなして攻撃する。銀河帝国は、銀河連邦の国民投票によって成立した。そのため、人類唯一の統治機構であると正統性を主張し、同盟を叛乱軍として攻撃する名分がある、といえるかもしれない。しかし、銀河帝国の領域外で成立した国家である自由惑星同盟への攻撃は、現代人の感覚では、侵略と評することができる。この点からは、同盟の方に分があるように思われる。

（2）正統な機関

銀英伝の世界では双方ともに、軍人や軍閥が勝手に戦争をしているわけではない。それぞれの政府が国家の意思として、戦争を行っている。物語の後半ではヤン艦隊が「私兵集団」と化しているともいえるが、「エル・ファシル独立政府」や「イゼルローン共和政府」という建前を常に擁することで、ヤンはこの原則を遵守しようとした。

（3）正しい意図

「正当な理由」と混同しそうだが、戦争をはじめる理由と、戦争を続ける理由とは区別しなくてはいけない。少なくとも同盟にとっては、帝国の侵略に対して国家の存立と国民を守ることが、「正しい意図」に該当するように思える。逆に帝国にとっては同盟の存在が人類統一の敵であり、叛乱勢力の鎮圧という正当化が可能かもしれない。

（4）最終手段

同盟にとって国民を守るための戦争が、他に取りうる選択のない最終手段であるならば、イゼルローン要塞を確保した時点で帝国の侵攻を阻止できるため、それ以降の戦争の継続はもはや最終手段であるとはいえなくなる。ただし帝国領侵攻作戦は、仮にも帝国の民衆の解放を目的としており、それを「正しい意図」だと考えるならば、他に手段がない場合に限って、正当化も可能かもしれない。

（5）成功の合理的な見込み

これは「勝てる見込み」ともいいかえることができる。無理に血を流し、さらに宇宙を混乱に陥れるようでは、正しいとはいえなくなる。同盟による帝国領侵攻作戦は、ヤンをはじめとした指揮官たちが懸念を示し続けたように、合理的見込みがあったとはいえないだろう。

（6）結果の比例性

ヤンはことあるごとに、ラインハルトを倒すことを躊躇していた。これが歴史にとって有益なのか、混乱をもたらすのか、より多くの血を流すことにつながるのではないか、と。これはラインハルトとの戦いに「結果の比例性」があるのか、と問うているのに等しい。

以上のように、正戦論を銀英伝に当てはめてみた。検討した当人がいうのも変だが、どうもすっきりしない。というのも正戦論は、実はデータを入れればおのずから答えが出るようなタイプの理論ではなく、あくまで「戦争をトピックごとに整理して、議論をしやすくするためのツール」だからである。このように、正戦論は正しさについての考え方を整理することはできるが、戦争の正しさについて、すっきりした答えは示さないのである。

そもそも帝国と同盟の戦争に、善悪を当てはめることがナンセンスなのかもしれない。「ルドルフ皇帝は正しかったから宇宙の覇者となったわけではない」と正義をせせら笑うフェザーン自治領主補佐官ルパート・ケッセルリンクなら一笑に付すだろう。

正義などない、とうそぶくことはたやすいが、正義というものの多元性を考えるヤンの立場は、そうしたニヒリズムとは異なる。だからこそ、ヤンは、それでもよりましな「正しさ」を追い求めたのである。歴史にとって有益かどうか、はたして自分が戦い続けることに意味があるのか。自分は正しいのか、少なくともよりましな方法をとっているのか。正しさを教えてくれる便利なものがないからこそ、ヤンは苦悩したのであり、またそこに読者も共感したのであろう。それでは、正戦論を超えて戦争の「正しさ」を積極的に考えることはできるのだろうか？

歴史主義、「歴史」のための戦争？

まず、さきほどの正戦論がしっくりこない理由を確認しよう。正戦論を、現実もしくはフィクションの戦争に当てはめるには、二つの困難がある。

第一に、「正」戦論といいながら、何が正しいのかが明確ではない。正戦論に拠って見れば、ラインハルトが目指す宇宙の統一は、そもそも「侵略戦争」として一顧だにされず、悪とされるのかもしれない。ただ戦争が続く状況下で、全人類の統一を目指すことを、「悪」だと単純に判定することは妥当だろうか。われわれは、戦乱の時代を終結させた歴史上の「天下統一」などを、絶対的な悪だとみなしているだろうか。解釈する人間の都合で、いくらでもこじつけが可能になりそうである。

第二に——こちらの方が重要だが——すでに行われていて、否応なく巻き込まれてしまう戦争に対してどう向き合うべきか、その指針を正戦論は与えてくれない。多くの人々にとって戦争は、自らが選んだものではないのだ。投げ込まれた状況で、どう生きていくべきか？　正戦論はその問いに答えることができないのである。皇帝となったラインハルトにとってさえ、戦争は彼が選んだものではなく、あらかじめ与えられた前提として存在していたのだ。

ラインハルトがこの世に生をうけたとき、帝国と同盟とのあいだにまじえられた戦火は一三〇年、一一四万時間の長きにわたってつづいていた。ラインハルトは戦争をしか実感として知らなかった。彼にとって平和とは、戦いという厚いパンにはさまれたハムの薄い一片でしかなかった。（第五巻、二二二頁）

ラインハルトに限らず、軍人の道を選んだ登場人物たちは、この前提条件の中で、自分なりの正しさを求めたのである。多くの軍人が最も重視するのは勝利ではあるが、それは勝利こそが平和への最も早い近道であると考えられるからだ。勝利し、敵を打ち倒せば、戦争はなくなる。古代以来、軍人はこの勝利の価値を重視してきた。

だが、ラインハルトや大多数の軍人と異なり、ヤンは戦争を当たり前とする時代を超えた視点を有していた。ヤンは、自分が戦うことの本当の意味を探っていた。この点で、ラインハルトを含めたほとんどの登場人物たちと、ヤンとの違いは大きい。

ヤンは戦争を毛嫌いしつつ、なんとか正しさを見つけ出そうとする。冒頭に掲げたヤンの言葉は、問いでもある。いったいぜんたい、戦争に正しさはあるのか、と。戦争一般が悪であるとして、ヤンはそれでも戦い続けた。そこに意味はあるのか、と。ヤンがしばしば「歴史」と「進歩」に言及するのは、それらが戦う目的に、もしくは戦いを評価する軸になるからだ。

ヤンと同じように、戦争の目的を「歴史」に置いた人々もいた。それは第二次世界大戦のさなかに「世界史の哲学」を提唱した、京都大学の哲学者グループである京都学派であった。彼らは、第二次大戦当時にヨーロッパ人が口にしていた「世界史」とは、実際にはヨーロッパ中心の歴史であり、本当の世界史ではないと批判する。そのうえで、第二次世界大戦に日本が参戦することにより、ヨーロッパ中心でない、真の世界史をはじめることができる、と考えた。つまり、日本が戦争を行う理由は、ヨーロッパを中心に廻る世界ではなく、数多く存在する世界の諸民族が主役となる本当の世界史をはじめるためだ、というのである。

ここで付言しておきたいのは、この「世界史の哲学」が生み出された背景だ。京都学派の中心人物の一人、高山岩男《こうやまいわお》は主著『世界史の哲学』の序文にこう記す。「日頃教室で顔を合せていた学生で、卒業後戦地に赴く人々」が、戦争の「本当の意義が何処《どこ》にあるか」を訊ね、「それを摑《つか》まえることによって戦場の覚悟への一助とする」ことを求めていたのだ、と。『世界史の哲学』は、この問いに答えるため、「生死超脱の境地を語る資格のない」高山が、戦地に向かう同輩たちに、戦争にいくことの意義を「世界史」という普遍的なものに結び付けることで、「せめてもの餞別《せんべつ》」としようとしたのだという[※5]。

もちろん、これはある種の欺瞞としても批判されうる。なぜならば、戦争という避けられない現実に対して、事後的に哲学的・歴史的な意味を与えることによって、戦争を美化しているだけとも考えられるからである。なお、このような京都学派の戦争協力は批判され、この「世界史の哲学」を論じた高山たちは戦後、京都大学を辞職した（公職追放）。実際「ある年代より上の世代が『京都学派』という語にアレルギーを感じるのは、忌まわしい戦争の記憶がまとわりついて」[※6]いるからであるという。京都学派は、文化人による戦争協力の代名詞ともなっている。

しかし、京都学派はこの戦争に対して単に後追いの意味付けだけを行っていたわけではない。特に日中戦争（志那事変）における日本軍の行動をかなり批判しており、陸軍からは目をつけられることにもなったのである。

ともあれ、戦争を単なる人殺しではなく、なにかしら歴史に意味のあるものとしてとらえる思考は、ヤンとも共通しているといえる。だが、「何かを残すために戦う」という思考には、ある種の悲劇的な危うさも潜んでいる。

たとえば、第二次世界大戦末期に特攻を推進した海軍の大西瀧次郎は、特攻が成果を上げたとしても、戦争の大局を変えることはできないと認めていた。「ではなぜ特攻を続けるのか」という記者の質問に対して、次のように答えたという。

会津藩が敗れたとき、白虎隊が出たではないか。ひとつの藩の最後でもそうだ。いまや日本が滅びるかどうかの瀬戸際にきている。この戦争は勝てぬかもしれぬ。（中略）ここで青年が起たなければ、日本は滅びますよ。しかし、青年たちが国難に殉じていかに戦ったかという歴史を記憶する限り、日本と日本人は滅びないのですよ。[※7]

おそらく、ヤンは、自分は大西の考えとは違うというだろう。だがヤンは、大西以上に、戦争に勝利するという見込みがあったといえるのだろうか？　眼前の会戦の勝利が戦争そのものの勝利をもたらすと、確信していたのだろうか？　おそらく、そうはいえないだろう。結果としてヤンは、「歴史」を念頭に「民主主義を残す」ことを戦う理由として、多くの人々の生命を賭して戦争を継続することになった。その「歴史」は、京都学派や大西の「歴史」と、どこまで違うといえるだろうか。ただ、その選択の正しさを大西のようにきっぱりと語らないところが、ヤンの「優柔不断さ」（銀英伝作中の後世の歴史家の弁）であるとともに、美質でもあるといえるだろう。

結局のところ、「歴史」や「後世」といった概念は、一見もっともらしいが、人によって評価が異なるマジックワードにすぎないように思われる。これは政治学や哲学で、断言できる問題ではないのである。

ヤンが見出した戦う理由に、他ならぬヤン自身が最後まで確信を抱けなかったように、それは答えのない問いであり続ける。ヤンに惹かれる私たちもまた、同じ葛藤に直面する日が来るかもしれない。

おそらく銀英伝の読者は、ラインハルトの正義もヤンの正義も、双方とも認めてしまうのではないだろうか。

つまるところ、不完全ながらも少しはましな正しさをヤンが選ばざるを得なかったように、答えのないアポリアの中で、われわれもまた選び取る必要がある。もっともらしい言葉で語る哲学や政治学が踏み込むことのできない領域が、個人が「選ぶ」という行為の中には避けがたく存在するのである。

（O）

※1　正戦論のトピックの説明と訳語は、正戦論研究者である眞嶋俊造氏の『正しい戦争はあるのか　戦争倫理学入門』さいはて社、二〇一六年を参考にした

※2　近年では、「戦争後の正義（ユスポストベルム）」も提唱されている

※3　正戦論の研究者は、規則や基準と表現することが多い。だが、規則や基準というには、あまりに解釈できる余地が広いように考える。そこで、ここではトピックと表現する

※4　マイケル・ウォルツァー（駒村圭吾・鈴木正彦・松元雅和訳）『戦争を論ずる　正戦のモラル、リアリティ』風行社、二〇〇一年、二一頁

※5　高山岩男『世界史の哲学』こぶし書房、二〇〇一年、一二頁

※6　菅原潤『京都学派』講談社、二〇一八、九頁

※7　草柳大蔵『特攻の思想　大西瀧治郎伝』文芸春秋、一九七二年、一七頁

戦争の「罪悪」について

銀英伝は何を描かなかったか

「いい人間、りっぱな人間が、無意味に殺されていく。それが戦争であり、テロリズムであるんだ。戦争やテロの罪悪はけっきょくそこにつきるんだよ、ユリアン」

（ユリアンの回想の中のヤンの言葉、第八巻、三一〇頁）

戦争は罪悪である。そう、ヤンのいう通り、戦争は人々を無意味に殺す、しかも大量に。しかし私たちが考える戦争の罪悪は、銀英伝で描かれる戦争の罪悪と、同じものなのだろうか？　銀英伝に惹かれるわれわれは、戦争を罪悪だと口にしながら、描かれる戦争にどこかで惹かれてしまっているのではないか……。

ここに大きな矛盾がある。私自身も、戦争は悲惨だといいながら、銀英伝で展開される戦争のスリリングさに魅力を感じているのかもしれない。さらに穿《うが》った言い方をすれば、銀英伝は、戦争の悲惨さを訴えながらも、実は意図せぬ形で戦争の魅力をも伝えて（しまって）いるのかもしれない。

銀英伝の戦争ははたして悲惨なのか。そこに現代の戦争と違いはあるのか。あるとすればどちらがより悲惨なのか。自らの戦争観を振り返るためにも、この章では戦争の罪悪について、そして描かれた戦争と本当の戦争の差異について考えてみたい。

銀英伝が描いた戦争の「罪悪」、戦場の外の犠牲者たち

ラインハルトは、「皇帝は戦いをたしなむ」と称されるように、戦争に対して、肯定的である。少なくとも、兵士の犠牲について、直接的な謝罪や弁解はいっさいない。ただし、数えるほどしかないが、ときにラインハルトも、戦争に対する罪悪を感じている場面も描かれている。下記は、ラインハルトと、その近侍であるエミール・フォン・ゼッレの会話である。

「……予は呪われた生まれつきかもしれない」

皇帝の低い声が冬バラのしおれた花びらを打ち、ただひとり傍にひかえていたエミール・ゼッレがおどろきの波動を宙に流した。

「平和よりも戦いを好むのだ。流血によってしか人生をいろどりえなくなっている。

あるいはほかにやりようがあるのかもしれないのにな」

「でもそれは陛下が宇宙の統一を願っていらっしゃるからではありませんか」

当人にかわってエミールが熱心に主張した。

「統一がなれば、しぜんに平和になります。それにおあきになったら、ほんとうにべつの銀河系へいらっしゃればよろしいではありませんか」（第七巻、三三〇－三三一頁）

無数の犠牲者は、将来の恒久平和によって報われる、という論理である。この論理によって、多くの犠牲も、戦争を終わらせるためだとして正当化されうる。たしかに、ラインハルト自身は戦うことを好むだけなのかもしれないが、周囲にいる者たちは、ラインハルトの勝利が宇宙の平和に帰着するのだと信じている。

帝国軍の広報誌には、こんな子どもの作文が掲載される。「ぼくの父さんは、皇帝《カイザー》ラインハルト陛下の敵をやっつけるために、昨日、出征していきました。おれは陛下にしたがって、宇宙の平和と統一のために戦う、母さんと妹はおまえにたのんだぞ、と言って。ぼくは父さんとかたく約束しました」（第一〇巻、四九－五〇頁）

いずれにしても、ラインハルトの発言からは犠牲者に対する直接の悔悟や罪悪感といったものは見当たらず、また周囲も建前としてはその姿勢を支持している。

「建前として」というのは、描写は少ないが、帝国側の登場人物全員が、かならずしもラインハルトを妄信して、戦争を支持しているわけではないからだ。たとえば旧帝国時代からの要人で、ラインハルトの改革に協力してきた民政尚書のカール・ブラッケが、「連年みだりに兵を動かし、戦役に国費をついやし、死者をふやすこと度がすぎる」（第七巻、三二二頁）と部下に不満を漏らしている、と噂される場面がある。

長期にわたる戦争による厭戦気分が漂うことも描写されている。「くわえて、兵士たちは戦乱に倦《う》みはじめているようにみえる。皇帝《カイザー》ラインハルトの改革、征服、統一によって、彼らは一世紀半にわたる不毛な戦争状態から解放されたはずであった。ところが、自由惑星同盟《フリー・プラネッツ》を滅亡させたのちも、イゼルローンに拠る共和主義者たちにたいして武力が発動され、ロイエンタール元帥の叛乱まで派生し、そのあいだに多くの将兵が戦没している。もういいかげんにしてほしい、という声もたしかに存在したのだ」（第一〇巻、四四頁）。

視点を一般の兵士にまで拡大すれば、戦争への倦みもより見えてくるのだろうが、ラインハルトという個性の光は強く、なにより帝国は皇帝が統べる国であるため、多くの声が表に出ることも少ないだろう。

これと対照的なのが、ヤン・ウェンリーである。ヤンは、戦争の罪悪を指摘しながら、自分がその当事者、大量虐殺者であると自覚し、罪悪感を吐露する。「これでまた私を憎む未亡人や孤児が何十万人かできたわけだ。すべてを背おいこむのは、ちと私の肩には重いな。地獄に一回堕ちただけですむものやら……」（第五巻、一九九頁）と。

退役し、年金生活を送りはじめたヤンのメモも印象的だ。「仕事をせずに金銭《かね》をもらうと思えば忸怩たるものがある。しかし、もはや人殺しをせずに金銭がもらえると考えれば、むしろ人間としての正しいありかたを回復しえたと言うべきで、あるいはけっこうめでたいことかもしれぬ」（第六巻、八二頁）。とはいっても、それは経済と社会が機能している場合、つまり政府にお金の余裕がある場合に限られる。実際、ヤンが頼りにしていた年金は、長引く戦争の戦費の問題などにも起因するだろう財政状況の悪化によって、減額されることになるのだが。

このように、戦争は経済と社会にも悪影響を与える。第一巻では、自由惑星同盟最高評議会の会議で軍部から提出された出兵案に、財政委員長ジョアン・レベロと人的資源委員長のホワン・ルイが、経済と社会への負担の重さから反論する場面がある。特にホワン・ルイが国防委員長トリューニヒトに、「首都の生活物資流通制御センターで働いているオペレーターの平均年齢をご存知か」と問いただした、そのやり取りが秀逸だ。

「……いや」

「四二歳だ」

「異常な数字とは思えないが……」

ホワンは勢いよく机をたたいた。

「これは数字による錯覚だ！　人数の八割までが二〇歳以下と七〇歳以上でしめられている。平均すればたしかに四二歳だが、現実には三、四〇代の中堅技術者などいはしないのだ。社会機構全体にわたって、ソフトウェアの弱体化が徐々に進行している。これがどれほどおそろしいことか、賢明なる評議員各位にはご理解いただけると思うが……」（第一巻、二三五－二三六頁）

ヤンもまた、社会全体への悪影響を憂う。

長期間にわたる戦争で、多くの将兵が殺される。軍隊は将兵を補充する。その結果、社会のあらゆる分野で、人的資源《マンパワー》が不足するようになる。医師、教育者、警官、システム管理者、コンピューター技師……いずれも、熟練者《ベテラン》が減り、その席は未熟者によって埋められるか、空席のまま放置される。こうして、軍隊をささえる社会そのものが弱体化する（……）これだけ社会の崩壊を促進しながら、なにをまもるために戦う

と強弁するのだろう。（第二巻、三二頁）

ヤンが指摘するように、戦争は犠牲の連鎖を生じ、社会に重い負担を与える。戦争による犠牲とは、単に戦場でたおれることだけを意味しない。本編では第二巻で、ミサイル基地での事故により整備兵一四人が即死したニュースが伝わるが、「世間にショックをあたえたのは、即死した整備兵一四名の全員が、まだ一〇代の少年兵だったことである。人的資源はここまで涸渇《こかつ》していたのか。市民たちは寒気をおぼえた」（第二巻、九六頁）というのである。

この事件に対し、議会における反戦派の代表、ジェシカ・エドワーズは哀悼の意を表し、戦争を続ける軍部と社会を弾劾する。「未来をになう少年たちを戦争の犠牲にするような社会。そんな社会に未来があるでしょうか。そんな社会が正常だと言えるでしょうか。わたしたちは狂気の夢からさめて、いまなにがもっともすぐれて現実的であるのかと問わねばなりません。その答えはひとつ、平和です……」（第二巻、九七頁）

銀英伝は戦争による直接の犠牲者だけでなく、戦争がもたらす社会の軋みに押し潰される、間接的な犠牲者にも視線を投げかける。そして、こうした視点の多様性が、私たちが銀英伝に惹きつけられる大きな魅力のひとつともなっている。

夥しい数の死

だが、銀英伝における戦争の罪悪として、真っ先に思い浮かぶのは、やはり直接的な犠牲である。たしかに、間接的な犠牲は無限に連鎖し影響も大きい。しかし、銀英伝における戦争の最大の特徴は、戦闘による直接的な犠牲者数の多さにある。

戦闘に参加した人員は、帝国軍二四四万八六〇〇名、同盟軍四〇六万五九〇〇名。艦艇は帝国軍二万隻余、同盟軍四万隻余。戦死者は帝国軍一五万三四〇〇名余、同盟軍一五〇万八九〇〇名余。喪失あるいは大破した艦艇は帝国軍二二〇〇隻余、同盟軍二万二六〇〇隻余であった。同盟軍の損失は帝国軍の一〇倍から一一倍に達したが、アスターテ星系への帝国軍の侵入はかろうじて防がれた。（第一巻、一〇四頁）

おそらく戦場での犠牲者の数という点では、第一次世界大戦での会戦が銀英伝に近い。そもそも日本語での「会戦」という表現自体が、第二次大戦以後の世界には古色蒼然とした印象を与える。というのも、長期にわたる散発的な衝突が中心となる第二次世界大戦では、「会戦」の語は滅多に使用されていないからだ。

さて、第一次世界大戦では、衝突する双方の犠牲者は、会戦のたびに数十万におよんだ。マルヌ会戦、タンネンベルク会戦、ヴェルダン会戦、ソンム会戦などの著名な会戦がひしめく。これらの会戦による戦局の左右も重要だが、なにより目を引くのが、戦死者の多さである。一つの会戦で数十万人の犠牲者が生じる様は、銀英伝の会戦に近いものがある。

一九一四年の第一次世界大戦開戦前後の、推定世界人口はわずかに約一八億人である。それがひとつの会戦で数十万人単位の戦死者を出す。戦死者の累積は、まるまるひとつの世代が消え去るのに等しい。にもかかわらず、この戦争の犠牲者が数でしか扱われない虚しさを、一人の志願兵が体験する戦場の理不尽さとその死で描いたのが、映画化もされたエーリヒ・マリア・レマルクの長編小説『西部戦線異状なし』である。

アーネスト・ヘミングウェイやウイリアム・フォークナー、F・スコット・フィッツジェラルドといった一九世紀末生まれの作家や芸術家が「ロスト・ジェネレーション」と呼ばれたのは、第一次世界大戦で同世代の若者が大量に戦死し「失われた（ロスト）」ことによる。たとえばフランスは、当時三九〇〇万人の人口のうち、最終的には八四〇万人が動員されたという。そして一三八万人が戦死し（うち約七万人が植民地兵）、傷病は約五〇〇万人、加えて七〇万人の孤児と六〇万人の寡婦が生み出された。※1

銀英伝の会戦もまた、人口の母数がケタ違いだとしても、同じような規模の犠牲者を、数日で生み出していたと考えられる。

銀英伝で描かれない災厄

銀英伝では、戦争が生み出す災厄の「量」と比べると、その「質」が描かれる場面は意外にも多くない。例外を探せば、アニメ（旧）版のバーミリオン星域会戦である。被弾した軍艦の中で兵士たちは内臓が飛び出し、焼かれ、苦しみながら死んでいく、その様が描かれている。この映像を通じて、戦争の悲惨さを認識することはできるだろうし、原作のバーミリオン会戦でもこのような記述がある。

残酷さが彼らの戦う目的ではなかった。だが、正義と信念こそが、この世でもっとも血を好むものであることを、誰もが理解せずにいられなかったであろう。最高指導者が呼号でする正義を実現させるため、彼らの信念が飽食するまで、無数の兵士が生きながら焼かれ、腕や脚を失わなくてはならないのだった。国家の統治者が正義や信念を放棄すれば、兵士たちは、傷口からはみでた内臓を見つめながら恐怖と苦痛のうちに死なずにすむのである。（第五巻、二五七頁）

だが、銀英伝の世界における多くの戦死の描写は、ほぼ一瞬である。苦しみを感じることなく、自分が死ぬことすら認識していない場合が多い。死は悲劇だが、その苦しみは長い時間を要するものではない。

つまり、銀英伝の戦争は犠牲者の数は強調するが、犠牲の中身はそれほど凄惨には描かれない。銀英伝の描く戦争から凄惨な印象をあまり受けないのは、死の「質」をあまり伝えないからかもしれない。

しかし、それ以上に、現代世界の戦争についての語りと、銀英伝のそれとでは大きな違いが存在する。それは普通の人々の苦しみ、悲しみがそれほど描かれないことである。現代において戦争の悲惨さが強調されるときに、子どもたちの写真をしばしば目にする。本来は戦争とは無縁であるべき、戦争に巻き込まれた子どもや民間人の苦しみがクローズアップされるとき、われわれは戦争を悲惨だと感じるはずだ。

銀英伝で、民間人が直接の犠牲者となっている場面は多くない。例外的に描写されているのは、時系列に並べれば、シリウス戦役時のラグラン市《シティ》事件（第六巻）、クロプシュトック事件（外伝第一巻）、スタジアムの虐殺（第二巻）、リップシュタット戦役における民間人に対する核兵器の使用、すなわちヴェスターラントの虐殺（第二巻）であろう。

シリウス戦役は、銀英伝本編の前史にあたる。銀河連邦成立前の西暦二七〇〇年代、人類の主星である地球とシリウスを中心とした反地球連合との抗争である。この抗争の初期に生じたラグラン市事件で、地球軍は「公認された殺戮と破壊をほしいままに」した。

軍用ナイフであごを裂かれて金歯を抜きとられた老人や、耳ごと高価なピアスを奪われた女性、指ごと指輪を強奪された女性などが続出した。

〝染血の夜《ブラッディ・ナイト》〟の一〇時間で、地球軍によって殺害されたラグラン市民は九〇万人をこし、破壊または掠奪によってあたえられた損害は一五〇億共通単位におよんだとされる。現地司令部は、兵士たちが強奪してきた金品の相当部分を、口実をつけて横どりしたあげく、地球の総司令部には、激戦のすえ、敵軍を排除し市《シティ》の制圧に成功した、と報告したのだった。（第六巻、二七頁）

たしかにこういった残虐な記述はある。だが、アムリッツァ戦役（第一巻）において、同盟軍は占領地の暴動鎮圧に武力を用いているが、民間人の虐殺としては描かれていないし、虐殺と略奪を目的とした醜悪さまでは描写されていない。

ジェシカ・エドワーズが惨殺され多数の民間人も殺されたスタジアムの虐殺や、ヴェスターラントへの核攻撃による虐殺など、同盟軍・帝国軍の双方で民間人が犠牲になったケースも、あるにはある。もしかしたら旧帝国においては、民間人への残虐な弾圧もあったかもしれないし、仮にエル・ファシルが民間人三〇〇万人を残したまま陥落していたならば、残された民間人は農奴階級に落とされ、辺境での強制労働に駆り出されたかもしれない。

しかし、少なくとも主人公たちは、民間人の血を流していない。本編の主人公たちにあたるラインハルト陣営や、ヤン艦隊を含めた同盟軍は、民間人に対する暴力に否定的である。また民間人が間接的に受ける被害は、あくまでも「社会の崩壊」という形で説明される。

そう、銀英伝においては逃げ惑う子どもや、血を流して苦しむ女性もダイレクトには描かれていないのだ。戦争の醜悪さをそれほど感じない理由は、少なくともヤンとラインハルト双方の陣営が、ともに民間人を戦火に巻き込んでいないためである。

現代世界の新しい戦争

繰り返せば、銀英伝における戦争は、犠牲者数は多大ではあるが、その詳細は描かれない。さらに現代の戦争とは違い、民間人の直接的な犠牲は存在しないか、描かれない。たしかに社会や経済への負担は大きいが、社会も経済も崩壊まではしていない。対して現実の、現代の戦争では、民間人は直接戦争の惨禍にさらされている。さらに社会も経済も崩壊した中で、民間人は難民などとして生きていかなくてはならない。つまり、銀英伝の戦争と現代の戦争は、悲惨さという点で全くの別物なのである。

銀英伝の戦争と現実の戦争との違いは他にもある。たとえば、現代の戦争は「新しい戦争」とも称される。だが、いったい何が新しいのだろうか？

銀英伝の戦争を含めて、これまでの戦争は国家の防衛や国益のための戦争であった。これに対して、現代の民族紛争などでは、様相が異なる。それは、敵対する民族などを抹殺することが目的にもなっているからである。いわゆるジェノサイドや民族浄化である。しかし、銀河系の三分の一にまで拡がった銀英伝の時代において、民族や宗教といった要素は（地球教徒は大きな例外として）人々の憎悪を掻き立てる要素になっていない。

一九九〇年代以降、いくつもの民族紛争があった。ボスニア紛争ではセルビア人、クロアチア人、ムスリム人（イスラム教徒の意味だが、旧ユーゴでは民族名でもあった）が、民族浄化と称される残虐行為に手を染め、敵対する民族の排除に努めた。ルワンダではフトゥ族がトゥチ族を殺害するジェノサイド（大量虐殺）が生じ、三ヶ月で八〇万人が殺害されたといわれる。

近年では、民族や宗教の区別すらあやふやになっている。イスラム原理主義組織である

「イスラム国」を自称したダーイッシュのように、同じムスリムであっても敵とみなせば、容赦なく残虐な処刑の対象としてしまう。

こういった民間人に対する攻撃を阻止することは、容易ではない。

仮に民間人を戦火から保護することを目的として軍事介入したとしても、目的は簡単には達成できない。民間人を攻撃する武装勢力は、民間人を盾としても使用するからである。いわゆる「人間の盾」である。人々の保護を目的としていればこそ、保護すべき人々を巻き込む戦争への介入は困難をきわめる。

とはいえ銀英伝の主人公たちだけでなく、現実の世界でも、民間人に対する攻撃は禁止されるか忌避されてはいる。民間人を攻撃することは許されざる悪であり、少なくとも現代世界において、正義を標榜する諸国家はその規範を守る必要がある。なお人間の盾は、ジュネーブ条約（戦争の方法を定めた国際条約であり、一九四九年に締結）に違反している。

だからこそ、対抗する武装勢力はそこを利用する。民間人への攻撃が許されないことを利用して、武装勢力が拠点を民間人の居住地の真ん中に置いたり、武装勢力の兵器を市場など民間人が行きかう場所に配置することで、介入軍の攻撃を抑制しようとしている。

銀英伝でもリップシュタット戦役初期に、貴族たちがオーディンを脱出する際に民間船を盾にしたが、これも人間の盾の一例である。

戦火から逃れた民間人は、難民か国内避難民となる。難民も国内避難民も、戦火で住む家を失った民間人だ。同じならば、なぜ国内避難民という聞きなれない用語があるのだろうか。それは、難民条約（一九五一年）で定義される難民は「国籍国の外にいる者」、つまり国境の外に逃げることができたものであるからだ。いいかえれば、国境の外に逃れることができなければ、難民として国際的な保護を受けることができないのである。

難民も国内避難民も等しく苦難を受けているとしても、その中にも格差が存在する。国境の外に逃れることができる者、さらには先進国に移民として受け入れてもらうことができる者は、先立つお金を持っていることも多いのである。

見えない犠牲者たちの世界

現代における戦争の惨禍は、民間人の犠牲に焦点が当てられている。だからこそこういった無辜の犠牲に向けられる人々の善意を、うまく利用しようとする悪意の存在に注意するべきだろう。一例を挙げよう。「国境なき医師団」が誕生するきっかけとなった、一九七〇年代のナイジェリアにおけるビアフラ紛争である。そのビアフラ紛争の指導者であったチェクエメカ・オジュクは、人々の善意を引き出す民間人の犠牲をうまく利用したとも指摘される。

オジュクが国際援助機関から受け取る援助物資が増えれば増えるほど、ビアフラのリーダーである彼はビアフラ人の苦しみを終わらせようとはしなくなっていった。国際NGOができる限り多くの人々を生かせておきたいと身を粉にして働いている間も、オジュクは平然と自分の共和国のための切手や銀行券をデザインしたり生産するのに専心していた。※2

また九〇年代のボスニア紛争においても、ムスリム人勢力が「広告代理店」を雇い、ムスリム支持の国際世論をうまく形成したことも指摘されている。※3 戦争の悲惨さを利用して、自己の利益を獲得しようとする勢力は存在するのだ。

銀英伝の世界で民間人の犠牲者が詳細には描かれてないように、現実でも、すべての犠牲が可視化されているわけではない。報道もされず注目を集めることもなく犠牲になる人々は数多くいる。幸運にも注目をあびた事例だけが、人道支援の対象になっているのである。

先述したように、銀英伝には、無辜の人々が戦火に追われて逃げ惑う描写がほとんどない。そのために、作者がその悲惨さを言明するにもかかわらず、どこか戦争が悲惨なものとしては見えてこないという側面がある。とはいえ、もし銀英伝の英雄たちが、軍人ではなく民間人を数百万単位で犠牲にしていたならば、または数千万の難民が描かれていたならば、私たちはこの小説に魅力を感じていないかもしれない。

言うまでもなく、銀英伝はノンフィクション作品ではなく、あくまでSFエンターテインメント小説である。従って、そこに戦争の悲惨さが十分に描かれていない、というのは「無いものねだり」だという読者もいるだろう。しかし、私たちが銀英伝に強く惹きつけられる理由のひとつが、この作品が持つ視点の多様さにあったことを鑑みるならば、こうした角度で銀英伝の戦争を論じてみることも、やはりそれなりに意義のあることではないだろうか。

(O)

※1　ジャン＝ジャック・ベッケール、ゲルト・クルマイヒ（剣持久木、西山暁義訳）『仏独共同通史　第一次世界大戦（下）』岩波書店、二〇一二年、一八一－一八三頁

※2　リンダ・ポルマン（大平剛訳）『クライシス・キャラバン　紛争地における人道援助の真実』東洋経済新報者、二〇一二年、一七〇頁

※3　高木徹『ドキュメント 戦争広告代理店　情報操作とボスニア紛争』講談社、二〇〇二年

カリスマ指導者たちの後継者問題

権力者たちを悩ませる永遠の難問

「王朝が公正と安定をもたらすかぎりにおいては、人民はその存続する保障を血統にもとめ、陛下のご成婚と皇嗣《よつぎ》のご誕生を祝福いたしましょう」

（ラインハルトへのオーベルシュタインの言葉、第六巻、一四七頁）

「アッテンボローもときには正しいことをいう。政治的判断の点でもな。実際、おれたちが民主共和政の正統な後継者として認められるためには、ヤン夫人を政治的な代表者におしたてる以外にないだろう」

（アッテンボローの発言を受けてのキャゼルヌの発言、第八巻、二二〇頁）

銀英伝には、大きく二つの後継者問題がある。ひとつはヤンの後継であり、もうひとつはラインハルトの後嗣《こうし》である。

ヤンの場合は、本人の暗殺に伴い、その配偶者であるフレデリカと養子であるユリアンが後継者となった。

ラインハルトの場合は、当初は後継のことは考えず、実力で奪うよう求めてすらいたが、ヒルダとの間に世継ぎ（アレク大公）が誕生して後継者となった。

ともにすんなりと後継者として認められたわけではない。フレデリカとユリアンの場合は、キャゼルヌとアッテンボローの推挙でそれぞれ政治と軍事の指導者の跡を継いだものの、ムライ参謀長が後で災いとならないようにあえて率先して連れて行ったとはいえ、イゼルローン要塞にいた多くの将兵が彼らのもとを離れていった。

ラインハルトは自由惑星同盟を併合して銀河を統一したものの、すぐに新領土《ノイエ・ラント》の総督となったロイエンタールの挑戦を受ける形で内乱が発生した。内乱はラインハルトの勝利となったが、その後に身ごもっていたヒルダが地球教徒に襲撃される柊館炎上事件が起きるなど、圧倒的なカリスマを持つラインハルトの後継という帝国の弱点を改めて浮かび上がらせることになった。

ビジネスの世界でも政治の世界でも、後継者選びはつねに悩ましい問題なのだ。

現実世界の後継者問題

後継者をめぐる問題については、中内㓛が創業して大きな成功を収めたにもかかわらず、事業承継に失敗し、結局はダイエーを売却せざるを得なかった例など、ビジネスの世界では豊富な事例があり、それをテーマにした著作もあるほどだ。[※1]

しかし政治学では、後継者問題は長らく関心がもたれてきたテーマであるものの、必ずしも体系的な研究が行われてきたわけではない。

そもそも、政治の世界における後継者問題は、その国の政治体制によって様相が異なってくる。政治体制はまず国家元首が誰かによって、大きく君主制と共和制に分けることができる。

さらに、国家元首の形式に関係なく、実際の政治権力がどの程度民主的かによって、民主主義体制、権威主義体制、全体主義体制に分類できる。[※2] たとえばイギリスの場合は、形式は君主制ではあるが実質は民主主義体制であるということになる。それぞれによって、どのように後継者が選ばれるのかは異なってくる。

君主制の国家では多くの場合、王朝の伝統やそれに基づく取り決めによって継承順位が決められている場合がほとんどである。たいていは、皇（王）太子が立てられていて、先代君主の退位あるいは崩御とともに自動的に皇（王）位を受け継ぐ。日本では「皇室典範」という法律に基づいて、男系の皇族の中で皇位継承の順番が定められている。

歴史上、世界のさまざまな王朝において皇（王）位継承をめぐる激しい争いの例は枚挙にいとまがない。日本の場合も、戦後憲法での天皇には象徴としての役割しかないとはいえ、男子皇族の少なさから、女性の皇位継承権についての是非をめぐり激しい議論が起きた。皇室典範では女性に皇位継承権はないものの、歴史上には少ないながらも推古天皇をはじめ女性天皇が存在したことが議論を複雑にしている。

いまの世界には、国家元首としての君主（天皇、王、大公・公、首長、教皇）が三〇名いる。[※3] 銀河帝国のように専制君主国家といえるほど君主に実権がある国は、サウジアラビアなどペルシャ湾岸の君主国や、アフリカのエスワティニ（旧スワジランド）、ブルネイなど一部に限られる。

ヨーロッパの君主国は、ほぼすべてが立憲君主制をとっており、君主は「君臨すれども統治せず」という地位にある。[※4] 君主の後継者が誰になるか自体が、国家の政治に大きな影響をもたらさない問題ということに

銀英伝における政治体制

政治体制	国家元首	後継者の基準	銀英伝の国家
君主制	国王など	血統	ゴールデンバウム王朝／ローエングラム王朝
共和制	大統領など	選挙を通じた選出	自由惑星同盟

なる。

民主主義を統治の仕組みとして採用している国家では、政権担当者は基本的に選挙を通じて選ばれる。主権が人民にある民主国家においては、政治家の代わりはいくらでもいることになる。また、民主国家は「法の支配」を原則としており、大統領や首相の暗殺や病死など急なケースの場合でも、事前に定められた法規則に沿って後継が指名される。

日本の内閣法では、第九条で「内閣総理大臣に事故のあるとき、又は内閣総理大臣が欠けたときは、その予め指定する国務大臣が、臨時に、内閣総理大臣の職務を行う」と規定されている。実際、二〇〇〇年四月に当時の小渕恵三首相が脳梗塞で倒れた際には、青木幹雄官房長官が首相臨時代理となり、首相の回復が見込めない中で内閣は総辞職し、国会によって森喜朗が総理大臣に指名された。アメリカでは一九六二年のケネディ大統領暗殺の際に、規定に則って、即座に副大統領であるジョンソンが大統領に就任し、残りの任期を務めた。

大統領の任期満了や首相の選挙等の敗北による辞任、政治家の高齢による引退の場合、実際に誰が後継者となるかは、やはり国内外で大きな関心の対象となる。ただし同じ民主国家でも、大統領制と議院内閣制の違いは、政権の継承に大きな影響を与える。

実権を持つ大統領が国民による投票で選ばれる大統領制の場合、大統領の任期は規則で決められている。しかし、再選の可能な回数によって、後継問題の様相は異なってくる。アメリカの大統領の場合、慣例上再選は一回可能なのに対し、韓国の大統領は任期五年で再選は認められていない。再選の可能性がないと、任期終了近くなると「レイムダック（死に体）」化して、社会の関心はもっぱら後継者が誰になるかに向けられ、大統領の指導力は大きく低下してしまう。アメリカの大統領でも、再選の可能性がない二期目の終わりには同じような問題が起きる。

日本やイギリス、ドイツのような議院内閣制を採用する国家の場合、政党の規定で党首の任期が定められている場合はあっても、基本的に首相の任期の上限は定められていない。しかし、議会で多数を維持する必要があるため、連立の崩壊や与党の分裂、総選挙での敗北などによって辞職を迫られる可能性があり、後継者の問題は複雑となる。政権の安定性は国によって異なるが、日本では首相の在任期間は平均二年余りと、他国より短い。

誰が後継者として選ばれるのか

「もし予が死んで血族なきときは、予の臣下でも他の何者でもよい、実力ある者がみずからを帝位にでも王位にでもつければよかろう。もともと予はそう思っていた。予

が全宇宙を征服したからといって、予の子孫が実力も名望もなくそれを継承すべき理由はあるまい」（第八巻、二五九‐二六〇頁）

ラインハルトはこのように語ったが、どのような政治体制であれ、後継者として選ばれる基準として、「血筋」と「能力」の二つを挙げることができる。この二つを順に見ていこう。

（1）血筋

これはいうまでもなく、血統や血縁関係のことである。銀英伝でいえば、銀河帝国の権力継承のシステムに当たる。君主制国家の場合は、基本的に前の君主の血を継いだ者が後継者として選ばれる。かつては、多くの王朝で、男系の長男が相続することが原則とされた。しかし最近では、日本で女性天皇の可能性が大きな議論を呼んだが、直系の長子（つまり君主の一番上の子）であれば、女子でも君主の座を継ぐことが増えつつある。

他方、君主制でない共和制の国家でも、後継者が、子息や配偶者など「血の濃さ」や姻戚関係という基準で選ばれることもある。

たとえばインドでは、初代首相であるネルーが在任中の一九六四年に死去した後、一人娘のインディラ・ガンディーは大臣を経て、一九六六年に首相に就任した。三年ほどの下野を経て再度首相に就いていた一九八四年、インディラは暗殺され、後継者として長男のラジーブ・ガンディーがすぐ首相に四〇歳で就任した（一九八九年まで首相）。ラジーブも一九九一年に暗殺されることになるが、その妻や息子も政治家になるなど、ネルー・ガンディー一族は民主国家であるインドの政界で、今なお大きな影響力を持ち続けている。

日本では、いわゆる「世襲議員」の割合が二五パーセントを超えているとされる。ある定義によれば「世襲」とは、「父母、義父母、祖父母のいずれかが国会議員、または三親等内の親族に国会議員がいて同一選挙区から出馬した候補」のことである。※5

この定義に従うと、二〇一七年一〇月の衆議院選挙では一一八〇名の立候補者のうち一二八名が世襲であった。全体に占める世襲候補の割合は一〇・九パーセントであり、前回の衆議院選挙から横ばいであった。なお、小選挙区で当選した自民党議員二一八名のうち七二名が世襲議員で、全体の三三パーセントを占めた。※6

二〇一七年八月に成立した第三次安倍内閣でも、閣僚二〇名のうち安倍首相を含む九名、というように内閣の閣僚のうち半分近くが世襲議員という状態だった。※7 親族が有力地方政治家の場合や同一選挙区以外の場合も含めれば、世襲議員はさらに増える。民主制国家における世襲議員については、しばしば「現代の貴族制」というように批判にさらされることがあるが、たしかに銀英伝における門閥貴族のような特権意識を持つ議員やその子女もいるかもしれない。

権威主義的な国家では、君主制でなくても、血統が重視される傾向がある。民主的な手続きが存在しない、あるいは事実上機能しないために、権力者たちのサークルにおいて、後継者として広く了解を得る決め手が血縁関係になりやすいからである。

たとえば、シリアでは、ハーフィズ・アサドが、クーデターを経て一九七一年に大統領に就任し独裁的な権力をふるっていたが、二〇〇〇年に心臓発作で急死した。これによって、急きょ次男のバッシャール・アサドが三四歳の若さで跡を継いで大統領となった。

バシャールは、大統領に就任してからは二〇一一年の「アラブの春」で起きた国民の民主化運動を力で抑え込もうとして内戦を招き、その後も、化学兵器の使用など著しい人権侵害で国際的な批判を受けながらも、権力の座を死守している。

また、政治の混乱期には、英雄的な政治家の遺族が反体制側の政治指導者として担ぎ出されることがある。銀英伝の世界で、ヤンの後継として、養子であるユリアンや妻であるフレデリカが推挙された理由に、ヤンとの「家族」としてのつながりがあったことが、まさにそれにあたるだろう。

フィリピンでは、独裁者マルコスのライバルであり暗殺されたベニグノ・アキノの未亡人であったコラソン・アキノは、民主化運動のシンボルとなり、一九八六年のピープル・パワー革命によってマルコス政権を打倒し大統領となった。

さらに、息子のペニグノ・アキノ三世は二〇一〇年の選挙で大統領に選ばれている。ちなみに、マルコスの息子である「ボンボン」マルコスも二〇一〇年に上院議員となり、二〇一六年の大統領選挙で副大統領に立候補して破れている。

ミャンマー（ビルマ）の建国の父で一九四七年に暗殺されたアウンサン将軍の娘であるアウンサンスーチーは、長らくビルマを離れて、イギリス人と結婚し研究者として国外で暮らしていた。しかし、一九六三年から続くネウィン将軍の独裁政権に対する民主化運動が高まっていた一九八八年、たまたま病気の母の看護のために帰国していたときに、コラソン・アキノと同じように民主化運動のシンボルとして担ぎ出されることとなった。

ネウィン辞任後の一九九〇年に行われた初の自由選挙でアウンサンスーチーが率いる国民民主連盟（NLD）は大勝利したが、政権の座を譲りたくない軍部は、選挙結果を無効としてNLDを解散させてアウンサンスーチーを軟禁した。病気で死んだ夫の死に目にも会えない長期の軟禁生活の後、一九九〇年以来初めての自由選挙である二〇一五年の選挙でNLDは勝利し、アウンサンスーチーは大統領顧問兼外相となって国政を率いることとなった。

ただし軍部はいまだ実権を握り続けており、少数派イスラム教徒のロヒンギャへの人権侵害問題など、ＮＬＤの政権は難しい舵取りを強いられている。

⑵ 能力

専制君主国家でも能力を基準に後継者が選ばれることがある。神話ではあるが、古代中国で尭《ぎょう》と舜《しゅん》の間で有徳の人物に帝位を譲る「禅譲」が行われたとされ、王朝の交代の理想とされるようになった。実在の人物としては、古代ローマ帝国で、息子がいないなどの理由はあったものの、有能な側近や能力のある親戚を養子に迎えて後継に据えることで、優れた皇帝が五代続く「五賢帝」の時代があった。

民主国家では、国民によって選ばれる政治指導者は、本来的に能力で選ばれるはずである。リーダーシップの章（一五頁）でも述べたように、著名な経済学者であり政治学にも多大な影響を与えたシュンペーターは、選挙自体が、ある意味市場における競争と同様の役割を果たしており、選挙での競争によって優秀な人物が代議士に選ばれることになると主張した。だが、実際は、先に述べた日本の世襲議員のように、後継者が血統で選ばれてしまうこともしばしばである。そして、自由惑星同盟のトリューニヒトのように、民主制のもとに選ばれた指導者が必ずしも優秀であるとは限らないことも周知の通りだろう。

多くの欧米諸国では、優秀な人物を選ぶために政党の「公募」という形で議員候補が選出される。イギリスでは、庶民院（日本でいう衆議院）の議員を目指す者は、政党の地方の支部に応募して、面接やプレゼンテーションを経て議員の候補者に選ばれる必要がある。しかも、最初はあえて厳しい選挙区の候補者に指定され、実績を積んだ後にその政党の地盤が強い選挙区の候補者にしてもらえるという。[※8]

後継者の条件として、血統と能力はもちろん組み合わされる。シンガポールでは、初代首相であるリー・クアンユーは、「開発独裁」といわれる手法で国民の権利を制約しつつも卓越した政治指導力を発揮し、シンガポールの経済成長に成功した。一九九〇年に六七歳となったリーは、政策遂行の実績から自ら選んだゴー・チョクトンに首相の座を譲った後も、上級相としてにらみを利かした。

二〇〇四年には、ゴーからリーの息子であるリー・シェンロンへと首相の座が譲り渡されている。リー・シェンロンは海外留学、軍人、国会議員、大臣など後継者教育を施され、かつ能力を実績で示すことで、五〇歳過ぎで満を持してバトンタッチされたといえる。ちなみに二〇〇四年にリー・クアンユーは上級相を退いている。

後継者に必要な資質、フォロワーからの支持

また、前任者を支持していた周囲の人々(フォロワー)から選ばれることが、後継の候補者にとっては肝要である。日本で世襲議員が多い理由には、前任者や後継者本人の意だというだけではなく、後援会が世襲を求めるという背景がある。

後援会の関係者は、単にその人物を支えたいというだけではなく、子どもの就職の口利きや公共事業の配分などの「利権のネットワーク」を形成しており、後継者争いでそのネットワークが崩れることを望まない傾向にある。そうなると、本人の能力とは無関係に、その家族が利権のネットワークとともに跡を継ぐことが一番丸く収まるのである。[※9]

これは日本だけではない。先のシリアでバッシャール・アサドが後継となった例がそれに該当する。また、内戦が続くコンゴ民主共和国で二〇〇一年にローラン・カビラ大統領が暗殺されたとき、その後を継いだのは当時二九歳の息子ジョセフ・カビラであった。銀英伝において、ヤン暗殺の後、後継にユリアンとジェシカをキャゼルヌら幹部が推した理由はまさにヤンの「残照」の有無であった。

「ヤン・ウェンリーの被保護者であり用兵学上の弟子であったという事実は、この際、

無視できない。実力以上の効果があるのではないかな」
「カリスマというやつか？」
「既成の用語など、どうでもいい。重要なのは、この際、ヤン・ウェンリーという恒星の残照を、誰がもっともよく反射するかという点だ」（第八巻、二二二頁）

ユリアンは当初、ジェシカと自分がヤンの権力を継承することに難色を示すが、アッテンボロー、キャゼルヌ、シェーンコップらフォロワーの強い後押しと、ジェシカの決心に促されるように、革命軍の司令官の地位の継承を引き受けることになる。

別の言い方をすると、後継がスムーズに行われるためには、まずフォロワーから候補者が気に入られる必要があるということである。前任者は、後継候補者が受け入れられるように、早い時期から後継候補者として、たとえば議員秘書や政治的役職に据えることで、政治家としての仕事を学ばせるとともに、顔を支援者に売らせる。実際、日本では、安倍総理をはじめ世襲議員の多くは、後継の前は議員秘書である。[※10] 銀英伝では、ヤンが意図したことではないが、結果としてユリアンはヤンの議員秘書のような役割を果たしていたといえるかもしれない。

また、後継が何によって決まるかは、文化的要素も関係する。アメリカやヨーロッパに比べて、日本で世襲議員が多い理由のひとつには、血のつながりや「イエ」を尊重する儒教文化も関係しているといえる。戦前に衆議院議長になった鳩山和夫以来、鳩山一郎、鳩山由紀夫の二人の総理大臣を含めて、五代にわたって国家議員を輩出している鳩山家は、政治家が「家業」のようになっている。

簒奪される後継の「座」

もちろん、後継の座が力ずくで奪い取られる場合がある。銀英伝の場合でいえば、そもそもほかならぬラインハルト自身が権力の座を力ずくで奪い取っている。

簒奪《さんだつ》が世襲より悪いなどと、誰がさだめたのか。それは既得権をまもろうとする支配者の自己正当化の論理にすぎないではないか。簒奪や武力叛乱による以外、権力独占を打破する方法がないのであれば、変革をこころざす者がその唯一の道をえらぶのは当然のことである。（第三巻、七八頁）

現代世界における権力の簒奪といえば、たとえば軍隊による「クーデター」がある（三七頁、クーデターの章も参照)。クーデターによって政権が打倒された後、クーデター部隊を率いていた軍人がそのまま大統領となる例は、世界中でいくつもある。しかし、クーデターの目的の多くは腐敗した政権の打倒と政治の刷新であるにもかかわらず、形式的な選挙や民政移管の後、政権が強権化し腐敗しがちである。たとえば、一九六一年にクーデターで実権を握った朴正熙《パク・チョンヒ》は、一九六三年に選挙を通じて大統領になった後、一九七九年に暗殺されるまで、戒厳令を敷くなど強権的な政治を行った。

インドネシアでは、一九四五年の独立以来、初代大統領であるスカルノが第三世界のリーダーとして国際的にも活躍していた。しかし、次第に経済が行き詰まり、共産主義諸国への接近でアメリカなど西側諸国との関係が悪化する中で、一九六五年、軍幹部が軍の一部によって殺害されるという九月三〇日事件が発生した。

生き残りの軍幹部であったスハルトは秩序の回復をスカルノから託されたが、そのまま事実上のクーデターとしてスカルノから実権を奪い取り、一九六八年に第二代大統領に就任した。その後、一九九八年まで三〇年にわたり、莫大な財を蓄えながら大統領の座を維持することになる。

民主国家でも実力で後継の座を「奪う」ケースがありうる。一九八三年、急死した中川一郎議員の後継をめぐり、秘書であった鈴木宗男と息子である中川昭一が選挙で骨肉の争いを繰り広げ、結局は両者が当選したのは有名である。

ただし、実力による後継の簒奪も、悪いこととは限らない。銀英伝の世界における堕落したゴールデンバウム王朝から清廉なローエングラム王朝への交代は、禅譲ではなく、実力による政権の奪取である。これは、徳を失なった王朝が天に見放されることで王朝が交代するという中国のいわゆる「易姓革命」に近いといえるかもしれない。後継が組織や広く政治・社会にどのような意味を持つのかも考える必要がある。そこで次に、後継の「成功」と「失敗」について考えてみよう。

後継の失敗／後継後の失敗

さて、後継の「成功」や「失敗」というとき、後継自体の成功／失敗と、後継した後の成功／失敗の、二つの意味がある。前者の場合は、後継者が地位の継承に成功したかどうかという話になる。後者は、たとえば、ある企業で後継者が地位を引き継いだものの、経営に失敗してしまうような場合である。ただし、政治の場合は、成功や失敗は評価する側の価値観によって変わる。たとえば、北朝鮮での金日成から金正日、そして金正恩への三代にわたる独裁権力の継承は、「金王朝」のエリート層にとっては「成功」かもしれないが、抑圧と貧困に苦しむ北朝鮮国民や、拉致や核ミサイルの脅威にさらされる日本にとっては「失敗」といえるかもしれない。

民主国家では、後継者の事実上の指名をめぐって争いが生じることもあるが、地位自体は——まれに選挙の集計をめぐって争われることはあるが——所定の手続きに沿ってスムーズに継承される。

だが、所定の手続きに従って権力が継承されたからといって、その結果が必ずしも「成功」であるとは限らない。むしろ、後継者が政治を「失敗」させることはたびたび起きる。たとえば銀英伝では、ロイヤル・サンフォード最高評議会議長率いる自由惑星同盟軍が帝国領に侵攻してアムリッツァ星域会戦で大敗した後、トリューニヒトが議長の座を継承した。しかし、トリューニヒトは、同盟の政治を衆愚的なポピュリズムで堕落させ、ついには、バーミリオン星域会戦と同じ時期にハイネセンにミッターマイヤーの艦隊が迫り、自らの生命の危機に直面したとき、ヤンに停戦を命じて同盟を帝国に売ってしまった。

これと同じように、現実の世界でも、民主的に選ばれた政治家が、いろいろな形で民主政治を葬り去ることがある。[※11] 第一次世界大戦後のドイツのワイマール共和政から生まれたヒトラーの独裁は、その典型例である。ロシアのプーチンは、二〇〇〇年にボリス・エリツィン大統領の後継として大統領選挙に勝利し、大統領に就任した。だが、プーチンはソビエト連邦の解体後も混乱が続くロシアの立て直しに成功する一方で、反対派を力で抑え込むなど独裁政治の色彩を帯びるようになっていった。

アメリカでは、二〇一六年の大統領選挙の結果、オバマ前大統領の後継者とされたヒラリー・クリントンが敗れ、実業家でありテレビタレントであるドナルド・トランプが勝利した。トランプの政治手法は、まさにポピュリズムといえるもので、合理的な根拠に基づく政策ではなく、移民の排斥や貿易保護主義など特定の有権者（特に白人労働者層）の感情に訴えて支持を獲得するものである。その一貫性のない政策は、国内では社会の分断を招いて民主主義を危機に追いやり、対外的にはアメリカに対する国際的な信頼や憧れを失わせる結果となっている。

独裁から別の独裁へ

民主国家と違い、独裁国家では独裁者からの権力継承自体がたびたび失敗する。独裁者は自らの家族を後継者としようとすることが多いが、そもそも継承の前に本人自身が地位を追われることがある。

一九八六年の「ピープル・パワー革命」で追放されたフィリピンのマルコス、一九八九年のルーマニア革命で処刑されたチャウシェスク、二〇〇三年のイラク戦争でアメリカによって大統領の地位を追われたフセイン大統領、二〇一一年の「アラブの春」によって大統領辞任に追い込まれたエジプトのムバラク、同じ二〇一一年に反体制派によって息子ともども殺害されたリビアのカダフィ大佐、いずれも息子を後継者として政権内で出世させて後継者として備えさせていたが、後継させるより早く政権が革命によって打倒されてしまった。

自らの家族を後継に据えようとする行為自体が、独裁者にとって命とりになったケースもある。

たとえば、リーダーシップの章でも紹介したジンバブエのムガベ大統領は、イギリスの植民地であったローデシアで白人政権を倒し新たにジンバブエを建国した英雄であった。一九八七年に大統領の座に就いたが、長く権力の座にいるにしたがって腐敗が目立つようになった。今世紀になると、人気回復のために、白人地主から強制的に農場を取り上げて支持者に分配する政策を強行したものの、かえって生産性が低下し国家経済の破綻を招いた。

それでも、選挙では野党を抑え込んで再選を続けた。九〇歳を過ぎても後継を指名することはなかったが、二〇一八年の大統領選挙を前にした二〇一七年一一月、革命以来の同志であり後継者の有力候補と目されていたムナンガグワ副大統領を解任し、四〇歳以上年下のグレース夫人に大統領の座を譲る姿勢を見せた。しかし、その動きは政権内部の対立、特に軍の離反を招いてしまい、同月に軍事クーデターが発生、九三歳にしてムガベは辞任することとなった。二〇一八年の大統領選挙では、ムナンガグワが勝利している。

独裁者からの政権交代は、民主主義には向かわず、別の独裁者を生む可能性が高いというデータもある。銀英伝におけるゴールデンバウム王朝からローエングラム王朝への交代も、中身はともかく、ひとつの独裁が別の独裁へとなりかわった一例であろう。

クーデターの章でも触れたように、エジプトでは、独裁者であったムバラク大統領辞任の後、ムスリム同胞団のムルシが民主的な選挙で大統領に選ばれたが、急激なイスラム主義政策と経済政策の失敗で国民の反発を買い、事実上の軍事クーデターによって政権を追われた。その後、クーデターの中心人物であったシーシー陸軍元帥が大統領に選出されたが、ムスリム同胞団をはじめ反体制とみなされる団体を強引に取り締まり、メディアなど言論の自由を制約するなど、強権的な政治を展開するようになっている。

このように、本章では後継者の条件や権力継承のプロセス、その成功と失敗を見てきた。しかし最も大事なのは、やはりその人物が後継を望むかどうか、またどうして望むのかであろう。

「……ごりっぱです、フレデリカさん、ぼくも義務から逃げません。どうせ装飾物《おかざり》でしょうけど、軍事指導者とやらになります」

フレデリカは金褐色の頭を激しく横にふった。

「りっぱですって？　わたしは、りっぱなんかじゃないわ。真実を言うとね、わたしは民主主義なんか滅びてもいいの。全宇宙が原子に還元したってかまわない。あの人が、わたしの傍で半分眠りながら本を読んでいてくれたら……」（第八巻、二二七頁）

やる気のない人物や単に権力を引き継ぎたいだけの人物であれば、そもそも権力継承に失敗するかもしれないし、継承に成功しても、その政治は国民にとって迷惑なものにしかならないだろう。ラインハルトの息子のアレク大公やユリアンとフレデリカのその後は銀英伝では描かれていないが、政治の世界の後継者問題は、人類の歴史がある限り続くとともに、人々の生活を左右する、大きな政治問題なのである。（S）

※1　有森隆『社長争奪　世襲・派閥・策謀』さくら舎、二〇一八年

※2　ホアン・リンス（高橋進他訳）『全体主義体制と権威主義体制』法律文化社、一九九五年

※3　ただし、バチカン市国の教皇は、枢機卿の会議で選ばれる。また、マレーシアは、国王は五年の任期つきであり、マレーシアを構成する九つの州のスルタン（イスラム世界の君主）の互選で選ばれる。国家としては、カナダやオーストラリアのようにイギリス女王を国家元首として戴く国家もある。また、アラブ首長国連邦は七名の首長から構成され、その中から国家元首としての「大統領」が選ばれるが、最も経済力のあるアブダビの首長が伝統的に就いている

※4　水島治郎・君塚直隆編著『現代世界の陛下たち　デモクラシーと王室・皇室』ミネルヴァ書房、二〇一八年

※5　「【図解・政治】衆院選２０１７・世襲立候補者数（二〇一七年一〇月）」時事ドットコムニュース（https://www.jiji.com/jc/graphics?p=ve_pol_election-syugiin20171010j-28-w420）

※6　「世襲王国ニッポンの未来」日本経済新聞電子版（二〇一八年七月二二日）（https://www.nikkei.com/article/DGXMZO33213800Q8A720C1SHA000/）

※7　中村仁「世襲議員が政治家の新規参入の障壁」アゴラ（二〇一七年八月六日）（http://agora-web.jp/archives/2027626.html）

※8　小林恭子「英国で議員になるには　世襲制は貴族院に残り、庶民院は実力で入る」独立メディア塾（二〇一八年六月）（http://mediajuku.com/?p=11157）

※9　田村秀「世襲政治の研究」『法政理論』第三九巻第二号、二〇〇七年、八六－一一三頁

※10　上杉隆『世襲議員のからくり』文春新書、二〇〇九年

※11　スティーブン・レビツキー、ダニエル・ジブラット（濱野大道訳）『民主主義の死に方』新潮社、二〇一八年

おわりに

「ふむ、残念だな。三〇歳以下の未成年は、今回、同行することはできんよ。これはおとなだけの宴会なのでな」

（自由惑星同盟軍の最後の艦隊出撃にあたって、アレクサンドル・ビュコック元帥が副官スーン・スール少佐の同行を拒絶する言葉、第七巻、九二頁）

ほぼ間違いなく、本書を手に取っている方、ご購入された読者は、『銀河英雄伝説』（以下、銀英伝）のファンだと思います。私たち筆者も、もちろん銀英伝のファンです。共著者の杉浦功一さんが「はじめに」で書いたように、本書は、銀英伝をアニメか小説で、少なくとも一通り目にした人を主な対象としています。

ということで読者を選ぶ本です……そもそも「政治学」という面倒くさそうな名前が入ったこの本を手に取って、この「あとがき」まで目を通す方は、筆者たちと同じく、そうとう銀英伝にはまり込んでいる同年代が多いのではないかと思います。もちろん、二〇一八年の新アニメ版でファンになり、そのまま原作を読破した方もいらっしゃると思うので、冒頭のビュコック元帥の言葉のように、三〇歳以上じゃなければいけないということはありませんが。

杉浦さんと同じく、私が銀英伝に出会ったのも、中学生の時でした。中学一年（一九八八年）の時に目にしたOVAのチラシ、「常勝の天才」対「不敗の名将」と書かれた宣伝文句に魅かれ、また、多くの同年代の子供たちと同じように『三国志』が好きで、もちろんガンダムも好きであった私は、銀河系を舞台にした戦いのスケールの大きさに、なんともいえないロマンを感じました。しかし、中学生には、ビデオ・レンタルの敷居は高く、書店においてあった銀英伝の小説版にまず目を通した次第です。しかし、アニメの評判も良かったのか、その書店で第一巻は売り切れであり、はじめて手にしたのは第二巻からでした。いまネットで情報を確認したところ、私が手に取った一九八八年の時点で、本編は完結していた（一九八七年）ということで、遅筆を公言されている田中芳樹先生の、完結していない他の作品と違い、一気に読み進めることができました（『アルスラーン戦記』や『タイタニア』はうれしいことに完結してくれました！　そう、完結した作品はうれしいですね。そうそう、『マヴァール年代記』も、銀英伝と同じく、何度も読み返しました）。

同じころ、アニメの人気が出はじめたのか、これまで疎遠だった中学校のクラスメイトが銀英伝を語りはじめ、クラスの話題にもなりました。小説版を読んでいた私は、ちょっとした優越感に浸ることができたのを覚えています。ただし、中学三年の時、知人に貸した一巻から五巻は、ついぞ手元には戻って来ておりません……。

さて、この銀英伝が与えてくれたのは、英雄たちの生き様だけではありませんでした。様々な政治体制が存在すること、経済が社会や政治をうごかすこと、そして戦争という大きなうねりが多くの人生を飲み込んでしまうこと、こういった世界のあり様を銀英伝は教えてくれたのでした。もちろん銀英伝は小説であり、現実ではなく空想の世界のお話ですが、思春期に銀英伝に染まってしまった筆者たちにとっては、現実を見る目を形作った「原体験」といってもいいと思います。その原体験の結果として進んだ道が、（八年間の海上自衛官生活を経て）学者です。まぁ私の学者としての業績はいまいちですが、退役後に好きなだけ本を読める生活を、ヤン・ウェンリーが嫉妬してくれる自信はあります（笑）。

もちろんこの原体験から出発して、私たち筆者は、多くのもやもやを経験してきました。このもやもやは、原体験である銀英伝と現実の差異といってもいいかもしれません。そこで、私たち筆者は政治学者として、銀英伝と現実の違いを考え、乗り越えようと考えてやってきました。問題を克服できたなんて、思ってもいませんが（もちろん、銀英伝ファンなら、銀英伝を素直に楽しめばいい、余計な茶々は入れるな、という声もあるでしょう）。

でも、銀英伝が好きで、銀英伝が生み出した「世界」が、私たち筆者が取り扱っている「現実」の世界と重なり合うからこそ、そして銀英伝が「現実」の世界を相対化してくれるからこそ、その銀英伝の世界をも相対化して見なくてはいけない。そう考えたのです。

その私たちが論じた内容ですが、リーダーシップ、クーデター、民主主義、後継者問題についての各章は杉浦さんが執筆し、地政学、戦略／戦術論、テロリズム、正戦論、戦争の罪悪についての各章は大庭が執筆しました。なお二人とも、政治学の中の細分化された専門（杉浦は民主化支援、大庭は人道的介入）から踏み出した議論を展開しており、実はビビっていることも正直に告白しておきます。

さて、本書の刊行には、不可欠のお二人がおられます。小原央明さんと柳瀬徹さんです。豆知識ではありませんが、作者と編集者が、どんな感じで書籍をつくるのか、興味がある人も多いでしょう。多くの「作者」さんたちが、「あとがき」の中で、編集者さんに謝辞を記載します。では、この編集者さんたちとこの本はどういう関係なのでしょうか。結論をいうと、本書は編集者さんとの共著です。というのも、小原さんも柳瀬さんも、銀英伝の大ファンであり、お二人とも一家言どころじゃないものをお持ちでした……。筆者たちの原稿が小原さんと柳瀬さんから戻ってくると別の原稿にすり替わっている、とは言いすぎですが、なんだかおもしろいものに変わっているぞ、というワクワク感を味わうことができました。また編集作業（修正や記事の追加）について、小原さん自身が吐露していたのですが、柳瀬さんと小原さんの作業が溶け合っていて区別できなかったというのです。通常は、学術出版の編集者さんは本の内容にあまり口出しはされません。

そう、書籍をつくることは作者と編集者さんの共同作業です。ということで、本書のクレジットには、杉浦さんと大庭（私）に加えて、編集協力で柳瀬さんの名前が記載されます。加えて、小原さんのお名前を、ここまで雑文にお付き合いくださった皆さんは覚えておいてください。

本書は、ある意味で、銀英伝の解毒剤ともいえるかもしれません。銀英伝は素晴らしい小説であり、銀英伝好きだからこそ政治学をはじめた私たちは、銀英伝が生み出した見方や価値観を、無自覚かつ無批判に、行動の原理としている可能性があります。でも、ビュコック、シトレ、メルカッツの年齢に近づきつつある私たちは、銀英伝の若者の眩しさにばかり、目をくらませてはいられません。若者の苛烈さを卒業し、老練さを身に着けていくべき年齢（四〇代）に達した私たちは、まずは「原体験」を相対化しておく必要があります。本書がその一助になれば幸いです。でもそれ以上に、本書をつうじて、読者のみなさまが、銀英伝の様々な場面を思い出しながら、想像の翼をはばたかせることができたなら、筆者たちにとってこれ以上の喜びはありません。

京都の安アパートにて大量の本に囲まれながら

大庭弘継

杉浦功一（すぎうら・こういち）
１９７３年生まれ。和洋女子大学人文学部教授。専攻は国際政治学。神戸大学法学部法律学科卒業。同大学院国際協力研究科博士課程修了。博士（政治学）。サウサンプトン大学（イギリス）客員研究員、日本学術振興会特別研究員などを経て、現職。著書に『民主化支援』『国際連合と民主化』（共に法律文化社）など。

大庭弘継（おおば・ひろつぐ）
１９７５年生まれ。京都大学大学院文学研究科研究員。専攻は国際政治学、応用倫理学。京都大学経済学部中退。元海上自衛官（1等海尉）。九州大学大学院比較社会文化学府博士後期課程単位修得退学。博士（比較社会文化）。南山大学社会倫理研究所専任講師を経て現職。著書に『国際政治のモラル・アポリア』（共編著、ナカニシヤ出版）など。

『銀河英雄伝説』にまなぶ政治学

二〇一九年九月八日　第一版第一刷発行

著　者　杉浦功一・大庭弘継
編集協力　柳瀬徹
発行所　株式会社亜紀書房
〒101-0051
東京都千代田区神田神保町一―三二
電話　〇三―五二八〇―〇二六一
http://www.akishobo.com
振替　00100-9-144037
印　刷　株式会社トライ　http://www.try-sky.com
ISBN 978-4-7505-1583-0 C0030
乱丁本、落丁本はお取り替えいたします。